2ND EDITION

PIANO · VOCAL · GUITAR

THE **BIG B**

COUNTRY MUSIC

ISBN 0-7935-7564-8

HAL•LEONARD®
CORPORATION

7777 W. BLUEMOUND RD. P.O. BOX 13819 MILWAUKEE, WI 53213

Visit Hal Leonard Online at
www.halleonard.com

CONTENTS

ACHY BREAKY HEART
(Don't Tell My Heart)

Words and Music by
DON VON TRESS

Steady beat

You can tell the world ___ you
You can tell your ma ___ I

nev-er was my girl. ___ You can burn my clothes when I'm
moved to Ark-an-sas. ___ You can tell your dog to bite my

gone. Or you can tell your friends ___ just
leg. Or tell your broth-er Cliff ___ whose

what a fool I've been and laugh and joke a - bout me on the
fist can tell my lip. He nev - er real - ly liked me an - y -
A
phone. You can tell my arms go
way. Or tell your Aunt Lou - ise. Tell
back to the farm. You can tell my feet to hit the
an - y - thing you please. My - self al - read - y knows I'm not o -
E
floor. Or you can tell my lips to
kay. Or you can tell my eyes to

tell my fin - ger - tips they won't be reach - ing out for you no

watch out for my mind. It might be walk - ing out on me to -

A

more. ___

day. ___ But Don't tell my heart, my

ach - y break - y heart. ___ I just don't think he'd un - der -

E

stand. And if you tell my heart, my ach - y break - y heart, ___ he might blow_ up and kill this man. Ooh. _____

man.

Don't tell my heart, my ach - y break - y heart. I just don't think he'd un - der -
E
stand. And if you tell my heart, my ach - y break - y heart, he
A
might blow up and kill this man. Ooh.
E

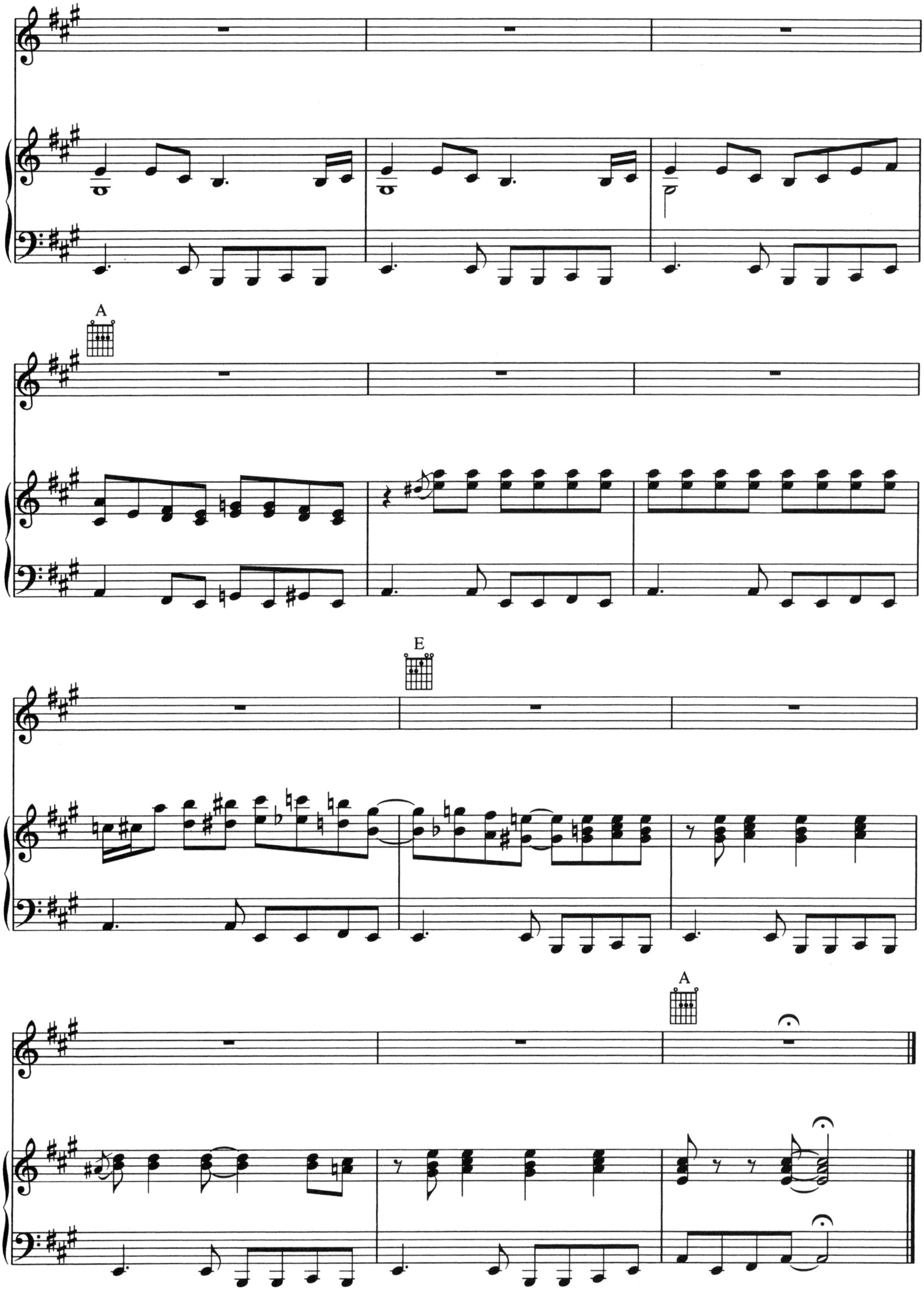
A
E
A

AIN'T GOIN' DOWN
('Til the Sun Comes Up)

Words and Music by KIM WILLIAMS,
GARTH BROOKS and KENT BLAZY

Bright Country

Six o'-clock on Fri - day eve-ning,
Nine o'-clock, the show is end - ing

Ma - ma does - n't know she's leav-ing 'til she hears the screen door slam - ming,
but the fun is just be - gin - ning. She knows he's an - tic - i - pat - ing,

C
rub - ber squeal - ing, gears a jam - ming, lo - cal Coun - try sta - tion just a
but she's gon - na keep him wait - ing. First, a bite to eat and then they're
G
blar - ing on the ra - di - o. Pick him up at sev - en and they're
head - ing to the hon - ky - tonk, but loud crowds and line danc - ing
D
head - ing to the ro - de - o. Ma - ma's on the front porch,
just ain't what they real - ly want. Drive out to the boon - docks
G
scream - ing out a warn - ing: "Girl, you'd bet - ter get your red head
and park down by the creek, where it's George Strait 'til real late and

1
back in bed be - fore the morn-ing."
danc - ing cheek to cheek.
2
C
They ain't go - ing down 'til the sun comes _ up, ain't _
G
Bb
C
_ giv - ing in 'til they get e-nough. Go - ing 'round the world in a

pick - up truck. _____

G no chord **To Coda** ⊕ **F** **G**

Ain't go - ing down 'til the sun comes up.

F

G

Ten 'til twelve is wine and danc - ing. Mid - night starts the hard ro - manc - ing.
Six o' - clock on Sat - ur - day, her folks don't know he's on his way. The

C

G

One o'-clock that truck is rock-ing. Two is com-ing, still no stop-ping.
stalls are clean, the hors-es fed. They say she's ground-ed 'til she's dead. Well,

D

Break to check the clock at three. They're right at where they wan-ta be and
here he comes a-round the bend, slow-ing down. She's jump-ing in.

G

four o'-clock get up and go-ing. Five o'-clock that roost-er's crow-ing.
Hey, Mom, your daugh-ter's gone and there they go a-gain. Hey. _____

Hey. _____

Instrumental solo each time

C   G

D

1 G   2 G

Solo ends   **Yeah,   they**

D.S. al Coda   **CODA**   G   **D.S.S. and Fade**

Solo ends   **They**   **sun   comes   up.**   **Yeah.**

AMIE

By CRAIG FULLER

Moderately, in two

A G D A G D
I can see why you think you be - long to me; I
Don't you think the time was right for us to find
Instrumental solo
Now it's come to what you want; you've had your way. And
A G D A
nev - er tried to make you think or let you see one
all the things we thought weren't prop - er could be right in time.
all the things you thought be - fore just fad - ed in - to gray.
D
thing for your - self. But now you're
And can you see which way
And can you see that I
C D
off with some - one else, and I'm a - lone. You see, I
we should turn, to - geth - er or a - lone? I can
don't know if it's you or if it's me? If it's

C · **E**

thought that I ____ might ____ keep you for ____ my ____ own. ____
nev - er see ____ what's ____ right or what ____ is ____ wrong. ____
one of us, ____ I'm ____ sure we both ____ will ____ see. ____

____ *(Spoken:) It'd take too long to see.*
Solo ends
____ *(Spoken:) Oh, won't you look at me and tell me?*

A · **G** · **D**

A - mie, _____ what you wan - na do? ____

A · **G** · **D**

I ____ think _____ I ____ could stay with you ____ for a while,_ may - be long - er if I ___ do. _____

1,2

3   **D.S. al Coda**

CODA

do. _____ I keep

fall - in' in and out ___ of love ___ with you, ___

fall - in' in and out _____ of love _____ with you. _____

Don't know what I'm gon-na do. _____ I keep fall - in'

in and out _____ of love _____ with you. _____

rit.

ANYMORE

Words and Music by TRAVIS TRITT
and JILL COLUCCI

Moderately slow

I can't hide ____ the way ____ I feel ____ a - bout ____
____ one last ____ ap - peal ____ to show ____

____ you how I feel ____ a - bout you. ____

I could hold ____ the hurt ____ in - side, ____ keep the pain ____
'Cause there's no ____ one else ____ I swear ____ holds a can -

out of my eyes ___ an - y - more. ___
- dle an - y - where ___ next to you. ___

My tears no long - er wait -
My heart can't take the beat -

- ing. ___
- ing ___

My re - sist - ance ain't _ that strong. _
not _ hav - ing you _ to hold. ___

My mind keeps re - cre - at - ing ___ a love with you _ a - lone. _
A small voice keeps re - peat - ing ___ deep in - side _ my soul. _

And I'm tired of pre-tend-ing __
It says I can't keep pre-tend-ing __

I don't love you an-y-more. __
I don't love you an-y-more. __

Let me make __

I've got to take __ the chance __ or __ let it pass by __

if I ex-pect to get on __ with my life. __

My tears no long-er wait-

-ing. _____ Oh, _____ my re-sist-ance ain't _ that strong. _

Oh, my mind ___ keeps re - cre - at -

- ing a love ___ with you ___ a - lone. _____ And I'm tired of pre - tend - ing ___

I don't love you an - y - more. _____ An - y - more. ___

An - y - more. ___

rit.

BEER FOR MY HORSES

Words and Music by TOBY KEITH
and SCOTT EMERICK

Moderately, with a beat

Well, a man ___ come on ___ the

six o'-clock news, __ said some-bod - y's been shot, __ some-bod-y's been __ a-bused. __ Some-bod-y

E♭/B♭ B♭ E♭ B♭ E♭/B♭ B♭

blew up a build-ing, some-bod - y stole a car, __ some-bod - y __ got a-way, __ some-bod - y

F B♭ Gm7 F B♭

did-n't get too far, __ yeah. They did - n't get too far. __

E♭/B♭ B♭ E♭ B♭

Grand - pap-py told my pap-py, back in my day, son, _____ a

E♭/B♭ B♭ F B♭ E♭/B♭ B♭

man had to an-swer for the wick-ed that he __ done. __ Take all the rope in Tex-as, find a tall oak tree,__ round up all __ of them bad __ boys, hang 'em high in the street __

for all the peo - ple to see that

jus - tice is __ the one __ thing you should al - ways find. You got to sad dle up your boys, _ you got to draw _

__ a hard line. __ When the gun smoke set - tles, _ we'll sing a vic - to - ry tune. _ We'll all __

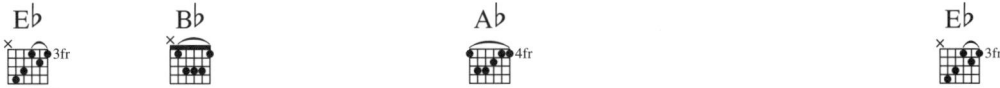

meet back at the lo - cal sa - loon. ___ We'll raise up our glass - es a - gainst ___

___ e - vil forc - es, sing - ing, "Whis-key for my men, _____ beer for my hors -

To Coda ⊕

- es."

N.C.

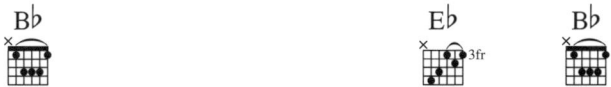

We got too ___ man - y gang - sters do - ing dirt - y deeds. ___ We've got too much cor-rup-tion, too much crime in the streets. __ It's time the long __ arm of the law __ put a

few more in the ground, __ send 'em all to their Mak - er and He'll set-tle 'em down. __

You can bet He'll set 'em down, __ 'cause

D.S. al Coda

CODA

- es, whis-key for my men, __ beer for my
(whis-key for my men) __

hors- es."

You know

jus - tice is the one __ thing you should al - ways __ find. __ You got to sad-dle up your boys, __ you got to

draw a hard line. __ When the gun smoke set - tles, __ we'll sing a vic - to - ry tune. __ We'll all __ meet back at the lo - cal sa - loon. __ We'll raise up our glass - es a - gainst __

__ e - vil forc - es, sing-ing, "Whis-key for my men __ and beer for my hors -

- es." Sing-ing, "Whis-key for __ my men, __ beer for my hors-es."

N.C.

BELIEVE ME BABY
(I Lied)

Words and Music by ANGELO,
KIM RICHEY and LARRY GOTTLIEB

Lyrics:

If there ev-er was _ a time _____ that I could
got no good _ ex-cus-es, _ but I got

use _ your trust _ in me, _____ and if there ev-er was _ a rea-
plen-ty of re-grets. _ And I wish this was _ some bad _

D A G
- son for me to get down on my knees,
dream I could wake up and for - get,
D A G
and if there's an - y way
'cause you're the on - ly one
Instrumental solo
D A G D
that you could love me an - y - how, if you
that I could nev - er stand to lose. You're
A G D
ev - er had much faith in me, I could
all I've ev - er want - ed and,

use a lit-tle now. _____
ba - by, that's the truth. _____

Solo ends

When I said it would

suit me fine ___ if you were out of sight and out of mind, _

that was-n't me talk-ing; that was my wound-ed pride. _____

When I said I did-n't want your love ___ and you were

no one I was think - ing of, ____ be - lieve ____ me, ____

____ ba - by, I ____ lied. ____

To Coda

Well, I lied. ____

Ooh. ____

Ooh. _____ Ooh. _____

_____ Ooh. _____ Hey!

CODA

lied. _____ Be - lieve___ me,

ba - by, ___ I ___ lied. ___

BLESSED

Words and Music by BRETT JAMES,
HILLARY LINDSEY and TROY VERGES

Lyrics: I get kissed by the sun each morn- -ing, put my feet on a hard-wood floor. ___ I get to

C

hear my chil - dren laugh - ing down the hall through the bed - room door. _

Some-times I sit on my _ front porch _ swing, just

Am

soak - in' up the day. _ I think to my - self, I

C

think to my - self this world is a beau - ti - ful place. I have been

G

blessed. _____ And I feel like I found my way. _

I thank God for all__ I've been giv-en at the

end of ev-er-y day. _____ I have been blessed _____

with so much more than I___ de-serve, _____ to be

here with the ones __ who love __ me, to love them so much __ it hurts. __

To Coda ⊕

__ I have been blessed. A-

cross the crowd - ed room __ I know you know what __ I'm think-

-in' by the way I look __ at you. __ And when we're __

Am
ly - ing in the qui - et and no words have to be said,
C
I think to my - self, I think to my - self, "This
G
D.S. al Coda
love is a beau - ti - ful gift." I have been
CODA
G
blessed.

When I, when I'm sing - in' my

kids to sleep, ___ when I feel you hold - in' me, ___

I ___ know ___ I am so blessed. ___ And I feel like I found ___ my way. ___ ___ I thank God ___ for all ___ I've been giv - en at the end of ev - er - y day. ___ I have been blessed ___

Em

with so much more than I ____ de - serve, _____ to be

F **D**

here with the ones __ who love ___ me, to love them so much _ it hurts. _

G

____ I have been blessed. Oh, ____ yes, _

Em **C**

_ I have been blessed, ____

oh, ___ yeah, ___ yeah. ___

I have ___ been blessed, ___

I have ___ been blessed. ___

Repeat and Fade

Optional Ending

DOES THAT BLUE MOON EVER SHINE ON YOU

Words and Music by
TOBY KEITH

Moderately

Day by day ____

we let love just walk a - way, ____ and I'll be the first ___ to say ____
you were right there all the time. ____ I could search and nev - er find ____

____ some-one ___ that does me like ___ you do. Here's a part ____

____ I was glad to see ___ it go. And day ___ by day, ____

ev - er since you went a - way,
where I'm giv - in' you my heart.
I find that I'm __ still miss -
I was a fool __ to let __

- in' you
__ you go.
I've just got __ to know __
Girl, I've just got to know __
does that blue moon ev - er

shine ___ on you? __
I want to hold __ you close __ to me, __ feel __

___ just like it used to be. __ And ba - by, if you

feel like I do, ___ you can come ___ to me. Does that

blue moon ev - er shine ___ on you? ___ On my mind, ___

Night af - ter night ___ I look to ___ the stars, ___ won - der - in' where ___

___ you might be. ___ And I've thought to ___ my - self, ___ is that ver - y ___ same moon ___ shin - in' on you ___

like it's shin - in' on me? _____

Does that blue moon ev - er shine ___ on you? ___ I

want to hold _ you close _ to me, _ feel _ just like it used to be. _ And

ba - by, if you feel like I do, ___ you can come _ to me.

Does that blue moon ev - er shine _ on you? _____

BLUE

Words and Music by
BILL MACK

Moderately

Blue, _____ oh, so lone-some for ___ you. Why___ can't___ you be blue _____ o - ver me?

Blue, _____ oh, so
Instrumental solo

lone - some for ____ you. Tears fill my ___ eyes _____ till I can't

see.
Solo ends

Three o' - clock in the morn -
Now that it's o -

- ing _____ here am I
- ver, _____ I re - al - ized

54

CODA
F7
B♭
D7
lies.
Blue,
G9
C7
oh, so lone-some for you.
Why can't you be
F7
B♭
A
B♭
B
C7
blue o - ver me?
Why can't you be
F7
B♭
blue o - ver me?
rit.

BOOT SCOOTIN' BOOGIE

Words and Music by
RONNIE DUNN

Moderate Shuffle

Out in the coun - try past the
got a good ___ job, I work hard
bar - ten - der asks me, says,

cit - y lim - it sign, ___ well there's a hon - ky tonk ___ near the
for ___ my mon - ey. When it's quit - tin' time, ___ I
"Son, what will it be?" I want a shot at that red - head yon - der

coun - ty line. ___ The joint starts jump - in' ev - 'ry
hit the door run - nin'. I fire up my pick - up
look - in' at me. ___ The dance floor's hop - pin' and it's

E
night when the sun goes down. They got whis-
and let the hors - es run. I go fly-
(Solo)
hot - ter than the Fourth of Ju - ly. I see out-
B
- key, wom - en, mu - sic and smoke. It's
in' down that high - way to that hide - a - way
(Solo)
- laws, in - laws, crooks and straights
where all the cow - boy folk go to boot scoot - in'
stuck out in the woods, to do the boot scoot - in'
(Solo)
all out mak - in' it shake do - in' the boot scoot - in'
E
1, 3
2, 4
boo - gie. I've
boo - gie.
(Solo)
Solo ends The
boo - gie.
Yeah,
Yeah,

heel to toe, do - cie doe, come on, ba - by, let's go

boot scoot - in'! Woh, __ Cad - il - lac, Black - jack,

ba - by meet me out back, we're gon - na boo - gie.

Oh, __ get down turn a - round, __ go to town, __ boot scoot - in' boo - gie. _____

Woh, _

I _____ said, get down, turn a - round, _ go to town, _ boot scoot - in'

boo - gie. _____

Woh, _ get down, turn a - round, _

go to town, _ boot scoot - in' boo - gie. _____

BREATHE

Words and Music by HOLLY LAMAR
and STEPHANIE BENTLEY

Moderately fast

I can feel the mag - ic float - ing in the air.

Be - ing with you

Lyrics:
gets me that way.

I watch the sun - light dance a - cross your face and I

nev - er been this swept a - way.

All my thoughts just seem to set - tle on
In a way I know my heart is wak -

C
G/B
Am7(add4)
the breeze when I'm ly - in' wrapped
- ing up as all the walls
G/B
C
C(add9)
Am7
up in your arms. The whole world just
come tum - bling down. Clos - er than I've
G/B
C
G/B
Am7
fades a - way, the on - ly thing I hear is the
ev - er felt be - fore, and I know and you know there's no
Dsus
D
beat - ing of your heart.
need for words right now.
'Cause I can feel you

breathe, it's wash-ing o-ver me, and sud-den-ly I'm melt-ing in-to you.

There's noth-ing left to prove, ba-by, all we need is just ___ to be ___

___ caught ___ up in the touch, the slow and stead-y

rush. Ba-by, is-n't that the way ___ that love's ___ sup-posed ___

Am7
Am7(add4)
C/D
D7
To Coda
to be?
I can feel you
C
G/B
Am7
D
breathe.
Just
G
Am7
C
D
breathe.
G
Am7
C
1
D

2
D
D.S. al Coda
Caught _ up in the
CODA
C
G/B
breathe. ___
Am7
D
G
Am7
C
Just ___ breathe.
G/B
Am7
G/B
C
I can feel the mag - ic float - ing in ___ the air.
G/B
Am7
G/B
C(add2)
Be - in' ___ with you ___ gets me that way.
rit.

CHATTAHOOCHEE

Words and Music by JIM McBRIDE
and ALAN JACKSON

Bright Country 2-step
no chord

Way down yon-der on the Chat-ta-hoo-chee
Well, we fogged up the win-dows in____ my old chev-y;

G   C

it gets hot - ter than a hoo - chie coo - chie. We laid rub - ber on the
I was will - in' but __ she was - n't read - y. So, I set - tled for a bur - ger and a

G   C

Geor - gia as - phalt. Got a lit - tle cra - zy but we nev - er got caught.
grape sno - cone. __ I dropped her off __ ear - ly but I did - n't go home.

F   C

1., 2. Down by the riv - er on a Fri - day night, __ pyr - a - mid of cans in the
D.S. Instrumental solo

G   C   F

pale moon - light, talk - ing 'bout cars and dream - in' 'bout wom - en.

D7

G

Nev - er had a plan; just a liv - in' for the min - ute.

Solo ends } Yeah,

C

way down yon - der on the Chat - ta - hoo - chee; nev - er knew how much that mud - dy wa - ter

G **C**

To Coda ⊕

meant to me. But I learned how to swim and I learned who I was; a lot a - bout liv - in' and a

1

G **C**

lit - tle 'bout love.

2

G **C**

D.S. al Coda

lit - tle 'bout love.

CODA ⊕ **G** **C**

lit - tle 'bout love, a

G C no chord

lot a - bout liv - in' and a lit - tle 'bout ___ love.

rit. *a tempo*

C

G C

G C

COUNTRY BOY

Words and Music by TONY COLTON,
RAY SMITH and ALBERT LEE

Fast Country beat, in 2

I may look like a
I may look like a

cit-y slick-er, shin-ing up thru' my shoes.
bank tell-er, push-ing facts in a file.

Un-der-neath I'm just a cot-ton-pick-er, pick-in' out a mess of
But I'd rath-er be a hog call-er chew-in' cud on the

blues.
sty.

Show me where I start, find a horse and

G
G7
To Coda
E♭
3fr
B♭
cart.
I'm just a coun - try boy,
E♭
3fr
G
coun - try boy at heart.
D.S. al Coda
CODA
E♭
3fr
I'm just a
B♭
E♭
3fr
G
coun - try boy, coun - try boy at heart.

THE COWBOY IN ME

Words and Music by CRAIG WISEMAN,
AL ANDERSON and JEFFREY STEELE

Moderately fast

I don't know why __ I act the way __ I do, __

__ like I ain't got a sin-

-gle thing __ to lose. __ Some-times I'm ___ my own worst ___ en - e - my. ___

I guess that's just the cow - boy ___ in me. ___

___ I got a life ___ that most ___

___ would love ___ to have. ___ But

Dsus2
A7
Dsus2
some-times I still wake up fight - in' mad
Em9/D
Dsus2
Em9/D
2fr
at where this road I'm head - in' down might
Dsus2
Em9/D
D
lead.
I guess that's just the cow -
A7
D
- boy in me.
The urge to run, the rest -

-less - ness, __ the heart of stone __ I some - times get. The

things I've done for fool - ish pride, __ the me that's nev - er sat -

- is - fied. __ The face that's in the mir - ror when I

don't like what I see. I

To Coda ⊕

guess that's just the cow - boy in me. ___

The

D.S. al Coda

CODA

guess that's just the cow -

A7
Dsus2
- boy in me.
D
Em7/D
Dsus2
Girl, I know there's times you must have thought
Em9/D
2fr
D
A7
there ain't a line you've drawn I have - n't
Dsus2
Em9/D
2fr
Dsus2
crossed.
But you set your mind to see

Em9/D
Dsus2
Em9/D
this love on through. I
D
A7
Dsus2
guess that's just the cow - boy in you.
Em9/D
Dsus2
Em9/D
We ride and nev - er wor - ry 'bout the fall.
Dsus2
Em9/D
D
I guess that's just the cow -

A7
D
- boy in us all.
G
D
G
D
A7
D
G
D
G
D
A7
D
Repeat and Fade
Optional Ending

EIGHTEEN WHEELS AND A DOZEN ROSES

Words and Music by GENE NELSON
and PAUL NELSON

Moderately
Ab
4fr.
Ab
4fr.
Db/Eb
Ab
4fr.
mf
Db/Eb
Ab
4fr.
Char-lie's got a gold watch.
Don't
buy a Win-ne-ba-go,
set
Dbmaj7
4fr.
Eb
seem like a whole lot
af-ter thir-ty years of driv-in' up
out to find A-mer-i-ca.
They'll do a lot of catch-in' up

Db   4fr.   Ab   4fr.   Db/Eb

____ and down the in - ter - state.
____ a lit - tle at a time.
But
With

Ab   4fr.   Dbmaj7   4fr.

Char - lie's had a good life,   and Char - lie's got a good wife.
piec - es of that old dream   they're gon - na light the old flame.

Bbm7   Db   4fr.

And af - ter to - night____ she'll no long - er be count - in' the days.____
Do - in' what they please, leav - in' ev - 'ry oth - er reas - on be - hind.____

Eb   Eb7   Cm7   3fr.   Db   4fr.

Eigh - teen wheels _____

and a doz - en ros - es, ten more

miles _____ on his four - day run.

A few more songs _____ from the all night

rad - i - o then he'll spend the rest __ of his __

life with the one that he___ loves.

They'll loves.

Eigh - teen

Repeat and fade

wheels _____ and a doz - en ros - es, ten more

Instrumental - to fade _____

miles _____ on his four - day run. A few more

songs _____ from the all night rad - i - o then he'll

spend the rest _ of his _ life with the one that he _ loves.

ELVIRA

Words and Music by
DALLAS FRAZIER

Medium Country beat

mf

C

El - vir - a, El - vir - a, My

G7   **C**

heart's on fi - re for El - vir - a

C7

1. Eyes that look like heav - en, Lips like cher - ry wine, That

girl can sho' nuff make my lit - tle light shine _____

I get a fun - ny feel - ing   Up and down my spine   'Cause I know that

my El - vir - a's mine _____   I'm sing - in' El - vir - a,

El - vir - a,   My heart's on

fi - re for El - vir - a ... Gid-dy-up, a oom pa-pa

oom pa-pa mow mow, Gid-dy-up, a oom pa-pa oom pa-pa mow mow, Hi - yo

Sil - ver a - way ____ 2. To - way ____ *(Repeat Cho. I - fade)* El -

D.S. and Fade

Verse 2. Tonight I'm gonna meet her
At the hungry house cafe
And I'm gonna give her all the love I can
She's gonna jump and holler
'Cause I saved up my last two dollar
And we're gonna search and find that preacher man
Chorus

GONE COUNTRY

Words and Music by
BOB McDILL

Moderately

She's been play-ing that __ room __ on the strip
folk scene's __ dead, __ but
mutes to L. A., __ but

for ten years in Ve - gas.
he's hold - ing out __ in the vil - lage.
he's got a house __ in the Val - ley.

Ev - 'ry night she looks __ in the mir - ror, and she on - ly
He's been writ - ing songs, __ speak - ing out a - gainst wealth and
But the bills are pil - ing up, and the pop scene just ain't gon - na

G

D

C

ag - es.
priv - ilege.
ral - ly.

She's been
He says,
He says,

G

C

D

read - in' 'bout Nash - ville and all the rec - ords that ev - 'ry - bod - y's
"I don't be - lieve in mon - ey, but a man could make him a
"Hon - ey, I'm a se - ri - ous com - pos - er, schooled in voice and com - po -

G

D

C

buy - ing. _____
kill - in', _____
si - tion, _____

Says, "I'm a
'cause
but with the

G

C

D

G

sim - ple girl my - self;
some of that stuff don't
crime and the smog these days

grew up ___ on Long Is - land."
sound much dif - f'rent than Dyl - an.
L. A.'s no place for chil - dren.

D	C	Em	D

So, she packs her bags _ to try her hand. _ Says,
I hear down there _ it's changed, you see. _ They're
Lord, it sounds so eas - y. It should - n't take long. Be

Em	D	G

"This might be ____ my last chance." She's gone _ coun - try. _
not as back-ward as they used to be."____ He's gone _ coun - try. _
back in the mon - ey in no time at all." He's gone _ coun - try. _

C	D	G

Look at them ___ boots. She's gone ___ coun - try, ____
Look at them ___ boots. He's gone ___ coun - try, ____
Look at them ___ boots. He's gone ___ coun - try, ____

C	D	G

back to her ____ roots. She's gone ____ coun - try, ____ a
back to his ____ roots. He's gone ____ coun - try, ____ a
back to his ____ roots. He's gone ____ coun - try, ____ a

new kind of suit. She's gone coun - try. _____
new kind of suit. He's gone coun - try. _____
new kind of suit. He's gone coun - try. _____

(Spoken:) Here she comes!

To Coda

Well, the

(Spoken:) Here he comes!

THE GREATEST MAN I NEVER KNEW

Words and Music by RICHARD LEIGH
and LAYNG MARTINE, JR.

The great-est man I_____ nev-er knew_ lived just down the hall,_
The great-est man I_____ nev-er knew_ came home late ev - 'ry night,_
The great-est words I_____ nev-er heard_ I guess I'll nev - er hear._

F

and ev-'ry day we said ___ hel-lo ___
He nev-er had too much ___ to say. ___
The man I thought could nev - er die ___

C   Am   F

but nev-er touched at all. ___
Too much was on his mind. ___
has been dead al-most a year. ___

F   G   Am

He was in his pa-
I nev-er real-ly knew ___
Oh, he was good at bus-

Em   F   Esus   E

- per.   I was in my ___ room.
___ him,   oh, and now it seems so ___ sad.
- 'ness   but there was bus-'ness left ___ to ___ do.

F   G7

To Coda ⊕

How was I to know ___ he thought I hung the ___ moon?
Ev-'ry-thing he gave ___ to us took all he ___ had. ___
He nev-er said he loved ___ me. Guess he

HERE'S A QUARTER
(Call Someone Who Cares)

Words and Music by
TRAVIS TRITT

Rowdy country waltz

Lyrics:

You say____ you were ____ wrong ____ to ev-er leave ____ me a - lone, ____ and now you're sor - ry. You're

thought ____ you what we ____ had ____ could ne - ver ____ turn bad, ____ so your leav - ing caught

lone - some _____ and scared. _____
me _____ un a - ware. _____

And you say you'd be _____
But the fact is _____ you've _____

hap - py if you could just _____ come back
run. _____ Girl, _____ that just _____ can't _____ be un - done. _____

home. _____ Well, here's a quar - ter. _____ Call _____
So here's a quar - ter. _____ Call _____

some - one _____ who cares. _____
some - one who cares. _____

Call some - one who'll _ lis - ten and

might give a _____ damn. _____ May - be

one of _____ your _____ sor - did af - fairs. _____

But don't you come a - round here _____

hand - ing _____ me none of _____ your lines. _____

Here's a quar - ter. _____ Call _____

some - one _____ who cares. _____

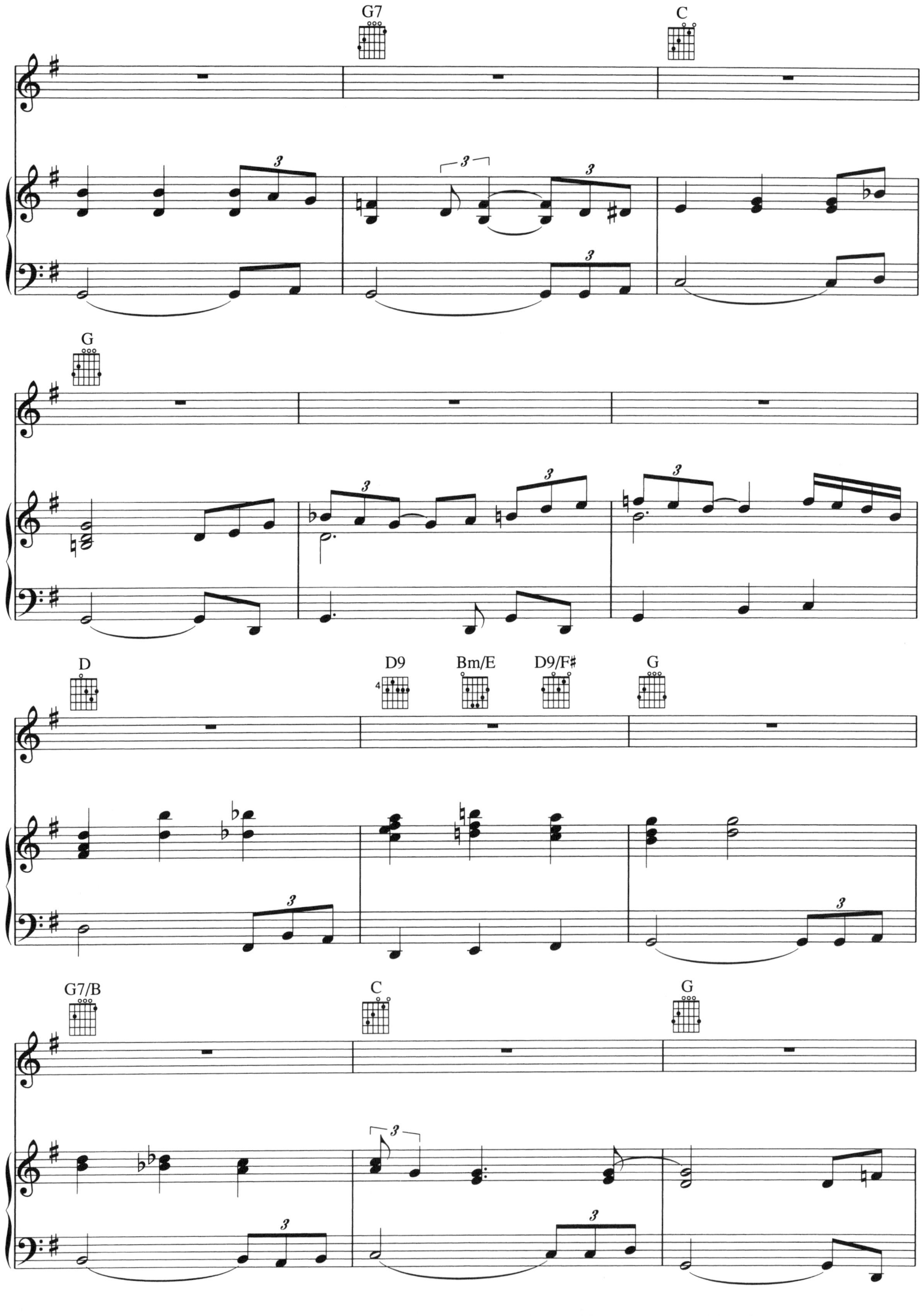
G7
C
G
D
D9
Bm/E
D9/F#
G
G7/B
C
G

D
G
CODA
D.S. al Coda
G
C7
Girl, I
Yeah, here's a
G
D
C7
quar - ter. Call some - one who cares.
G
G7
Yeah, yeah.
rit.

I CAN LOVE YOU BETTER

Words and Music by PAMELA BROWN HAYES
and KOSTAS

Moderately

Doo 'n doo. ____

Yeah. ____

She's got you wrapped up in her sat-in and lace, ____
I'm gon-na break the spell she's got on ____ you. ____

E   D   A   E   D

tied a - round her lit - tle fin - ger.   She's got you think-in' you can
You're gon - na wake up to find _____   I'm your de - sire, __ my in -

A   E   D   A

nev - er es - cape. __   Don't you know __ your heart's in dan - ger?
ten - tions are true. __   Hey, __ babe, __ I know in time _____

B   C#m   4fr   D

There's a dev - il in that an - gel face. __   If you could on - ly see the love __
you're gon - na see __ what you mean to me. __   So, o - pen up your eyes 'cause see -

A   E   D   A

_____ that you're __ wast - ing. __ }   I can love __ you bet - ter than that. __
- in' is be - liev - in'. __

I know how to make you for-get ___ her. All I'm ask-in' is for

one lit-tle chance ___ 'cause, ba-by, I can love you, ba - by, I can love you bet-

-ter.

Whoa, _____ whoa. _

ba - by, I can love you, ba - by, I can love you. I can love __ you bet -

- ter than that. __ I know how to make you for - get __ her.

All I'm ask - in' is for one lit - tle chance __ 'cause, ba - by, I can love you, ba -

Repeat and Fade

- by, I can love you.

Optional Ending

- by, I can love you bet - ter. _____

I CAN LOVE YOU LIKE THAT

Words and Music by MARIBETH DERRY,
JENNIFER KIMBALL and STEVE DIAMOND

Lyrics:

They read you Cin-der-el-la, you hoped it would come true that
one day your Prince Charm-ing would come ____ res-cue you. ____ You

nev-er make a prom-ise I don't in-tend to keep. So,
when I say for-ev-er, for-ev-er's what I mean.

C
Em
like ro - man - tic mov - ies; you nev - er will ___ for - get the
I'm no Ca - sa - no - va, but I swear this much is true:
F
G7sus
Em7
way you felt when Ro - me - o kissed Ju - li - et. ___ All this time that you've been wait -
I'll be hold - ing noth - ing back when it comes to you. You dream of love that's ev - er - last -
F
Em7
F
- ing, you don't have to wait no ___ more.
- ing. Well, ba - by, o - pen up your ___ eyes.
G7sus
C
Em
I can love you like that. I would make you my world, _ move heav - en and earth _

F
G7sus
if you were my girl.
I will give you my heart,
C
Em
F
be all that you need,
show you you're ev - 'ry - thing that's pre - cious to me.
B♭
G7sus
If you give me a chance,
I can love you like that.
1
C
F
G7sus
I

2 C   Gm7

You want ten - der - ness,   I got ten -

Dm7   C

- der - ness.   And I see   through ___   to the

Gm7   Dm7

heart of you. ___   If you want a man   who un - der - stands, ___

F   G7sus

you don't have to look ver - y far. _____

I can love you, I___ can, I can love you like that.

I would make you my world,___

move heav- en and earth ___ if you were my girl. ___

I will give you my heart, ___ be all that you need, ___ show you you're ev-

Repeat and Fade

-'ry - thing that's pre- cious to me.___ I can love you like that.

I HOPE YOU DANCE

Words and Music by TIA SILLERS
and MARK D. SANDERS

hope you nev - er lose _____ your sense of won - der.

nev - er fear ___ those ___ moun - tains in the dis - tance.

Gm7

You get your fill ___ to eat, ___ but al - ways keep that
Nev - er set - tle for ___ the path ___ of least re -

Eb

hun - ger. May you nev - er take ___ one
sis - tence. Liv - in' might mean tak - in'

sin - gle breath ___ for grant - ed. God for - bid ___
chanc - es if they're worth tak - in'. Lov - in' might ___

F

___ love ev - er leave ___ you emp - ty hand - ed.
___ be a mis - take, ___ but it's ___ worth mak - in'.

𝄋

Eb   F

I hope you still _____ feel small _____ when you stand   be - side _____ the
Don't let _____ some hell - bent _____ heart   leave _____ you

Bb   Eb   F

o - cean.   When - ev - er   one _____ door   clos - es, I _____
bit - ter.   When you come close _____ to sell - in' out, _____

Bb

_____ hope   one _____ more   o - pens.   Prom - ise me _____
_____ re - con - sid - er.   Give the heav -

Cm7   Bb/D

_____ that you'll _____ give   faith _____ a   fight - ing
- ens a - bove   more _____ than   just a   pass - ing

E♭
chance.
glance.
And when you get the choice to
To Coda
Fsus
F
sit it out or dance,
I hope you dance.
1
Gm
E♭
B♭
F/A
Gm
E♭
I hope you dance.

Bb   F/A

look back on their youth and won - der where ___

I hope ___ you

Gm   Eb   Fsus   F

___ those years ___ have ___ gone? ___

dance. ___

D.S. al Coda

I hope ___ you still ___

CODA Fsus

N.C.

dance.

Gm   Eb   Bb   F/A

Dance, ___

Gm   Eb

I hope ___ you dance. _____

Fsus   F   Gm   Eb

I hope ___ you dance. _____

Time is a

Bb   F/A

wheel in con-stant mo-tion, al - ways roll -

I hope ___ you

Gm   Eb

- ing   us _____ a - long. _____

dance. _____

I MISS MY FRIEND

Words and Music by TOM SHAPIRO,
TONY MARTIN and MARK NESLER

I miss the look ___ of sur - ren - der in ___ your eyes, ___
I miss the col - ors ___ that you brought in - to ___ my life, ___

the way your soft _____ brown _ hair _ would fall. _____
your gold - en smile, _ those _ blue - green eyes.

And I miss _ your I miss the pow - _ er gen - tle voice of your kiss when we _ made _ love. _____
in lone - ly times like

Oh, but ba - by, most _ of all, _____
now, _____ say - in' it - 'll be _ al - right. _____

I miss _ my friend. _____ The

one my heart and soul ___ con-fid - ed in, ___ the one I felt ___

___ the saf - est with. ___ The one who knew ___ just what to say ___

to make me laugh a - gain ___ and let the light back

in. ___ I miss ___ my friend. ___

I miss_ my friend._

I miss_ those times,_ I miss_ those nights._ I e - ven miss_ our sil - ly fights.

The mak - in' up, the morn - in' talks and those late_

D.S. al Coda

_ af - ter - noon walks,_ I miss_ my friend._ The

CODA
B
in.
I miss my friend.
Asus2
E
B
E
I miss my friend.
Asus2
E
B
B7sus
2fr
E
Repeat and Fade
Optional Ending
I miss my friend.

IT MATTERS TO ME

Words and Music by ED HILL
and MARK D. SANDERS

Ba - by, tell me,
May - be I ____

where'd you ev - er learn ____
still don't un - der - stand ____

to
the

fight with-out say-in' a word, _____
dis-tance be-tween a wom-an and a man.

then waltz back in-to my life
So, tell me how far it is

like it's all gon-na be al-right?_
and how you can love like this ___

Don't you
'cause

know how much it hurts?___
I'm not sure I can.____

When_ we don't

talk, when we don't touch, when it does-n't feel like we're e -

- ven in love. _____ It mat-ters to me _____

when I don't _ know what to say, don't know what to do, don't know if it

real - ly e - ven mat-ters to you. _____ How can

I make you see _____ it mat - ters to me? _____

me? _____

C   D

D.S. al Coda

Oh, and I don't ___ know what to

CODA G   Em   C   D

me? _____ Oh, it mat- ters to

G   Em   C   D   G

me, _____ it mat- ters to me. _____

Em7   Csus2   D   C/D   G

rit.

I'LL LEAVE THIS WORLD LOVING YOU

Words and Music by
WAYNE KEMP

Moderately slow

mf

Walk a - way,
take

leave _____ with my
ev - 'ry - thing _____ but my

bless - ing. ___
mem - 'ries, ___

Once in a while _____
for they're good ones ___

let me
and

C
F
hear from you. If we
they'll see me through. If we
F7
Bb
nev - er meet a - gain be - fore my life is
nev - er meet a - gain I'll love you for -
F
o - ver, I'll leave this
ev - er. I'll leave this

world _____ lov - ing you. _____
world _____ lov - ing you. _____

You can

You were mine _____ for a time _____ and I'm

thank - ful. _

Oh, but life would be so

lone - some _ with - out ___ you. ___ If we

nev - er meet a - gain _____ this side of

hea - ven, _____ I'll leave _____ this ___

world lov - ing you. ____

If we nev - er meet a -

gain _____ this side of hea - ven, _____

I'll leave _____ this ___ world lov - ing

you. _____

I'M GONNA HIRE A WINO TO DECORATE OUR HOME

Words and Music by
DEWAYNE BLACKWELL

Rubato

Lyrics:
I came crawl-in' home last night like man-y nights be-fore

I final-ly made it to my feet as she o-pened up the door And she said

you're not gon-na do this an-y more She said I'm

Country Shuffle

Gon-na Hire A
bring those Fri-day
rip out all the

Wi-no To Dec-o-rate Our Home So you'll feel more at ease here and
pay-checks and I'll cash-'em all right here 'n' I'll keep on tap for all your friends their
car-pet put saw-dust on the floor serve hard boiled eggs 'n' pret-zels and

G   **C**   **F**

you won't need to roam___ We'll take out___ the din - ing room ta - ble put a bar a - long that
favor-ite kind of beer___ And for you___ I'll al - ways keep in stock those___ soft a - lu-min-um
I won't cook no more___ There'll be Mon-day night___ foot - ball on T. - V. a-bove the

C   **G**

wall___ And a ne - on sign will point the way___ to our bath - room down the
cans___ And a pay phone in the hall - way when your friends can't find their
bar___ And when you're feel - ing mach - o you___ can crush 'em like a

1,2   **3**   **D**

hall She said "Just___ Gon - na Hire A
man" She said "We'll___ "You'll get friend - ly
car" She said I'm___ stead of a fami - ly

G   **D**

Wi - no To Dec-o-rate Our Home___ So you feel more at ease here___ and
ser - vice and for add - ed at - mos-phere___ I'll slip on some-thing sex - y___ and
quar-rel we'll have a bar - room brawl___ when the Hamm's bear says it's clos - in' time___ you

A   **D**

you won't need to roam___ we'll take out___ the din - ing room ta - ble put a
cut it clear to here___ then you___ can slap my bot - tom ev - 'ry
would'nt have far to crawl___ and when you___ run out___ of mon - ey then

bar a - long that wall___ and a ne - on sign will point the way___ to our bath-
time you tell a joke___ just as long as you keep tip - pin well I'll laugh
you'll have me to thank___ you can sleep it off next morn - ing,___ while I'm put-

room down the hall___
- un - til you're broke"
- tin' it in___ the bank"

she said
she said in -
she said I'm___ Gon - na Hire A

Wi - no To Dec - o - rate___ Our Home___ So you'll feel more at ease here___ and

you won't need___ to roam___ Then when you and your friends get off_____ from work and you'll___

have a pow-er-ful thirst_____ Well there won't be an - y rea - son why___ you can't___

B
E
F#
stop off here first
She said I'm Gon - na Hire A
B
Wi - no To Dec - o - rate Our Home
So you'll feel more at
F#
C#
F#
ease here and you won't need to roam
We'll take out the din - ing room
B
ta - ble put a bar a-long that wall
And a ne-on sign will
F#
C#
F#
Repeat and Fade
point the way to our bath - room down the hall
She said I'm

I'VE COME TO EXPECT IT FROM YOU

Words and Music by DEAN DILLON
and BUDDY CANNON

Moderate Two-Beat

1. So up - set,
2. A mil - lion times,
3. *Instrumental*
4. I could raise hell,

A nerv - ous wreck. can't be - lieve___ you said___ good - bye.___
A mil - lion lines_____ and I bought 'em ev - 'ry - one.___
But what the hell,___ it would - n't do a bit___ of good.___

G

Sit and smoke,
You don't care.
Pack and leave,

You cry and joke
my rip and
my heart a -

C

a - bout ___ these tears in ___ my eyes. ___
tear ___ ev - 'ry dream I've count - ed on. ___
grees it seems to think that ___ I should. ___

Am

1., 3. How could you do what you've
2. I guess that I ___ should thank ___ my
4. There won't be ___ no more

G#+

C/G

gone and done to me? _____ I would-n't
un - luck - y stars _____ that I'm a - live
next time do - in' me wrong. _____ You'll come

D

treat a dog _____ the way _____ you treat - ed me. _____
and you're the way _____ you are. _____
back this time _____ to find _____ out that I'm gone. _____

G7

But that's what I get. ___
But that's what I get. ___
But that's what I get. ___

C

I've come to ex - pect _____ it ___ from you. _____
I've come to ex - pect _____ it ___ from you. _____
you should ex - pect _____ that __ from me. _____

1-3

4   G7

That's what I   get. ___

C

I've come to ex - pect ____ it ____ from you. ____

IF THE GOOD DIE YOUNG

Words and Music by PAUL NELSON
and CRAIG WISEMAN

Bright Country
N.C.
f
E7
B
It
E7
was Sun - day morn - ing, I was sev - en years old, in the
- ma hit the ceil - ing, she was fit to be tied,
years lat - er had a hot rod Ford.

back-yard play-ing in a big mud-hole. I was
talk-ing 'bout how she's gon-na tan my hide. But
Con-sta-ble clocked me at a hun-dred and four. The

1

all decked out read-y for church,__ had my brand new suit all ___

2,3

cov-ered in dirt. Ma-
judge said "Boy, you gon-na

Dad-dy was laugh-ing when I

B

changed my clothes, said, "Ma-ma, leave the boy a-lone."___
hurt your-self. You'd a long been dead if you were

'Cause an-y-bod-y else." But if the good die young, __ if the

good die young. __

Now, __ our lit-tle boy's gon-na
Oh, __ there ain't a sen-tence gon-na

To Coda ⊕

have a lot of fun 'cause he's gon-na live for-ev-er if the good die young.
hold you son 'cause you're gon-na live for-ev-er if the

Ten _____ good die young.

Violin solo

Solo ends Well, I got a good heart, I would-n't

hurt a soul. __ But I'm gon-na keep rock-ing 'til they call that roll.

Old St. Pe - ter's gon-na have to wait. __ I'm gon-na go to heav-en but I

might be __ late and if the good die young, __ if the

good die young, __ { ped - al to the met - al, let __
{ kick out the jams;

1
E

your mo - tor run ⎫
we'll have some fun ⎭ 'cause I'm gon - na live for - ev - er if the

2
E

N.C.

good die ___ young. And if the gon - na live for - ev - er if the good die young, said, I'm

E

N.C.

E7

gon - na live for - ev - er if the good die young.

JUST TO SEE YOU SMILE

Words and Music by MARK NESLER
and TONY MARTIN

Moderately fast

Lyrics:

You al-ways had an eye_ for things_ that glit-ter,
but I was far_ from

you said time was all_ you real-ly need-ed,
I walked a-way_ and

Original key: G♭ major. This edition has been transposed up one half-step to be more playable.

be - in' made of gold. ___   I don't know how, but I ___
let you have your space. ___   'Cause leav - in' did - n't

___ scraped up the mon - ey.   I just nev - er could ___
hurt me near as bad - ly   as the tears ___ I saw roll -

___ quite tell you no. ___   Just like when you were leav -
- in' down your face. ___   And yes - ter - day I knew ___

- in' Am - a - ril - lo,   tak - in' that new job ___
___ just what ___ you want - ed   when you came walk - in' up ___

in Ten - nes - see.
to me with him.
And I quit mine so
So I told you that

we could be ___ to-geth - er.
I was hap - py for ___ you.
I can't for-get ___ the way ___
And giv - en the chance, _

___ you looked at me.
___ I'd lie a - gain.
Just to see you
(D.S.) smile.

smile,
I'd do an - y - thing ___
that you

Em | D | G | D/F# | Em

want - ed me to. _____ When all is said and done, I

G/D | C | A

nev - er count _ the cost. It's worth all that's lost

G/B | C | D7 | G

To Coda ⊕

just to see _ you smile.

D/F# | Em | G/D | C

When just to see ___ you

just to see ___ you smile.

THE KEEPER OF THE STARS

Words and Music by KAREN STALEY,
DANNY MAYO and DICKEY LEE

Moderately slow

It was ___ no ac - ci - dent, ___
Soft moon - light on your face, ___

me find - ing you.
oh, how ___ you shine.

Some - one ___ had a hand in it ___
It takes ___ my ___ breath a - way ___

Em   A7sus   A7   D

long be-fore _ we ev-er knew.
just to look _ in-to your eyes.
Now I _____ just
I know _ I

A/C#   Bm

can't _____ be - lieve _____
don't _____ de - serve _____
you're in _____ my
a treas - ure _____ like

G

life.
you.
Heav - en's smil - in'
There real - ly _____

D/F#   Em

down on me _____
are no words _____
as I look at you _ to -
to show my grat - i -

night.
tude.

So, I tip my hat
I tip my

to the Keep - er of ___ the Stars.

He sure knew what he ___ was do - in' ___

when he joined these two hearts.

I hold ev - 'ry -

G
A
thing
when I hold you in my
F♯m
G
D/F♯
arms.
I've got all I'll ev - er
Em
A7
need,
thanks to the Keep - er of the
1
2
G
D
A7sus
D
Stars.
Stars.

A/C♯
It was no ac - ci - dent,
Bm
G
me find - ing you.
D/F♯
Some - one had a hand in it
Em
A7
D
A7sus
D
long be - fore we ev - er knew.
rit.

KISS THIS

Words and Music by AARON TIPPIN,
THEA TIPPIN and PHILLIP DOUGLAS

Moderately

She was a wom-an on a mis-sion, here to
next thing I re-call she had him

Original key: B major. This edition has been transposed up one half-step to be more playable.

G5 3fr

drown him and for - get him. So I set her up _____ a - gain to wash him
back a - gainst the wall, chew-in' him like a bull - dog on a

C

down. She had just a - bout suc - ceed - ed when that
bone. She was put-tin' him in his place and I mean

G5 3fr

low - down, no - good, cheat - in', good for noth - in' came strut - tin' through the
right up in his face, drag - gin' him down a list of done me -

C   **Am**

crowd. Oh, he was lay - in' it on _____ so thick, he
wrongs. Oh, it was just _____ a - bout _____ now _____ that the crowd _____

F

never missed a lick,   pro-fess-ing   his   nev-er   end-ing
_____ gath-ered 'round. They'd come to watch him pay for his ev-'ry

C

love.   Oh, but I   nev-er will _____ for-get   when
sin.   She called him ev-'ry-thing un-der the sun   and when we

G5 3 fr   **F**

she stood up and said, *(Spoken:)* "So I guess you think we're just gonna kiss and make up, don't you?" That's when she said,
thought that she was done, *(Spoken:) she reared back and let him have it again, man. She said, she said,*

Bb5   **C**

"Why don't you kiss,   kiss

this?

And I don't mean on my ros-y red lips.

Me and you ah we're through and there's on-ly one thing left for you to do. You just come on o-ver here one last time. Puck-er up and close your eyes

Bb/F   F   1 C

N.C.

and kiss this good - bye."

Well, the

2

this. ____ Hey, kiss this. And I

F   C

don't mean on my ros - y red lips. Me and you, ah, we're

through _____ and there's on-ly one thing left for you to

do. _____ You ___ just come on o - ver here one last time.

Puck-er up ___ and close your eyes _____ and kiss this ___ good-

bye. _____ Hey, kiss this _____ good - bye." *Spoken: See ya.*

LIFE GETS AWAY

Words and Music by THOM SCHUYLER,
CLINT BLACK and NICHOLAS HAYDEN

We're
We

tied to _____ our mem-'ries; they won't let _____ us stray.
start get - ting old - er the mo - ment _ we live. _____

Fm7 Db

We're not gon - na lose ___ ones ___ we
Look o - ver ___ your shoul - der; ___ there's

Bbm Eb Ab/Gb

made yes - ter - day. We look to ___ our fu -
hind - sight ___ to give. Come look good days ___ and bad ___

Db/F Ab

- ture, and we make all ___ our plans ___
___ days the sun's gon - na rise. ___

Db Fm7 Db

as if we ___ con - trol what ___ is
So, why look ___ be - yond what's ___ in

B♭m
E♭
A♭
out of our hands.
front of your eyes?
The world keeps on
D♭
E♭7sus
A♭
turn - ing; I'm learn - ing to see
D♭
E♭7sus
E♭7
right where I am is where I have to be.
A♭
D♭
You can't count the pag - es, all

ag - es hear ___ the call. No mat - ter

how hard ___ we try, life gets a - way from ___ us

all. (D.C.) all. No mat - ter

how hard ___ we try, life gets a - way from ___ us

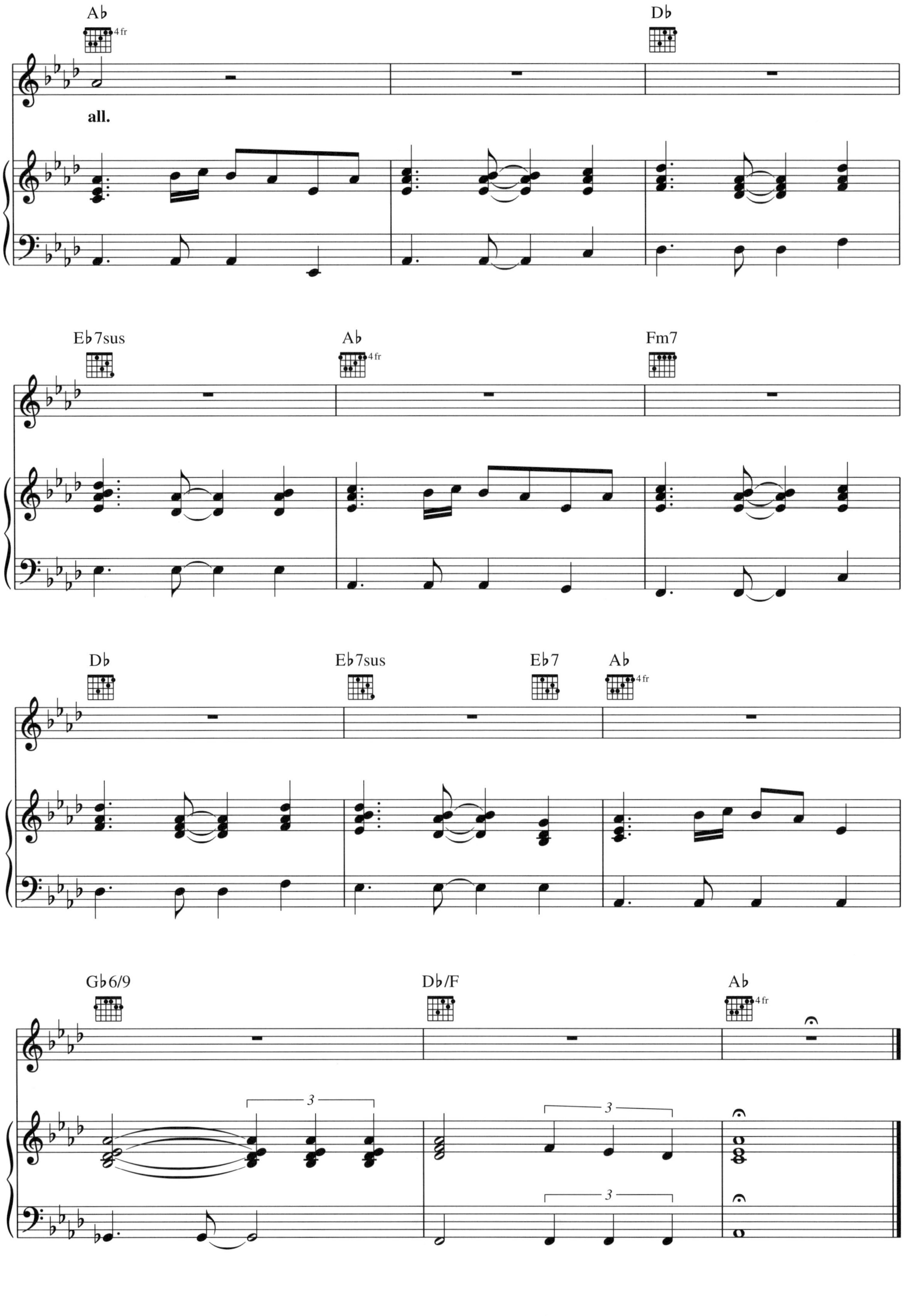
A♭
4 fr
D♭
all.
E♭7sus
A♭
4 fr
Fm7
D♭
E♭7sus
E♭7
A♭
4 fr
G♭6/9
D♭/F
A♭
4 fr
3
3
3

LIFE GOES ON

Words and Music by KEITH FOLLESE,
DEL GRAY and THOM McHUGH

The sun comes up, the sun goes down, this old world keeps spin-nin' a-round. Not much has changed since you've been gone. I miss you, hon-ey, but life goes on.

You

It's nice to see you still think a-bout me, but don't wor-ry a-bout my heart.
say you can tell that I'm do-in' well by the sound of my voice.

Thanks for the call. Yeah, I took a fall, but
What'd you ex-pect? Ba - by, when you left,

I did-n't fall a - part. The sun comes up, the
you left me no choice.

sun goes down, this old world keeps spin-nin' a - round.

Not much has changed since you've been gone. _____ I miss you, hon-ey, but life _

goes on. _____

___ goes on. _____

C
G
Thanks to you say - in' we're through I've got - ten good ___ at get - tin' by. ___
C/E
F
C
I don't know when, but I'll ___ love a - gain. ___
D
G
N.C.
It's just a mat - ter of time. ___ The sun comes up, the
G
sun goes down, ___ this ___ old world ___ keeps spin - nin' a - round. ___ Not much has changed since

you've been gone. _____ I miss you, hon - ey, but life _____ goes on. _____

I miss you, hon - ey, but life _____ goes on. _____ I miss you, hon - ey, but life _

_____ goes _____ on. _____

LIVING AND LIVING WELL

Words and Music by TOM SHAPIRO,
TONY MARTIN and MARK NESLER

Had a nice lit- tle life,
Till __ you sailed with me,

a lit- tle boat, a lit- tle beach, a lit- tle rou- tine I like.
thought that I had it good, as good as __ it could be.

A blue o- cean view,
From the back of my deck,

*Recorded a half step lower.

Gmaj7
G6
D
Dsus
free to go with the flow any-y-where that I want-ed to.
caught a fish, caught a breeze and a thou-sand red sun-sets.
D
Dsus2
D
A
Em7
But the mo-ment you set foot on my shore,
But sit-tin' here with you, girl, I just saw
A
G
D
that's when I knew.
the best one yet.
There's a dif-f'rence in
G
A
liv-in' and liv-in' well.

You can't have it all ___ all by ___ your-self. ___

Some-thin's al-ways miss - in' till ___ you share ___

___ it with some - one else. ___

There's a dif-f'rence in

liv - in' and liv - in' well. ___

To Coda ⊕

D
G/D
D
Em/D
D
2 D
Am
Em
D
My days are bright - er my sky a deep - er blue.
F♯m7
Am
Em7
A
My nights are sweet - er when I'm with
Em9
A
you.
D.S. al Coda
CODA
G
D/F♯
G
liv - in',

I thought I was liv - in'. There's a dif - f'rence in

liv - in' and liv - in' well, _____ liv - in' well. __

_____ I'm __ liv - in' well. _____

Lookin' For Love

from URBAN COWBOY

Words and Music by WANDA MALLETTE,
PATTI RYAN and BOB MORRISON

Moderately

Well, I've spent a life - time look - in' for you.
And I was a - lone ___ then, no love in sight,

Sin - gles bars and good time lov - ers were
and I did ev - 'ry - thing I could to get me

nev - er true. ___
through the night. ___

Play - in' a fool's ___
Don't know ___ where it start -

D
game, hop - in' to win,
- ed or where it might end.
G
D
A
A/G
and tell - in' those sweet lies and los - in' a - gain.
I turned to a stran - ger just like a friend.
A/F♯
A/E
D
I was look - in' for love in all the wrong plac - es,
I was look - in' for love in all the wrong plac - es,
look - in' for love in all the wrong plac - es,
F♯m
G
look - in' for love in too man - y fac - es. Search - in' their eyes and
look - in' for love in too man - y fac - es. Search - in' their eyes and
look - in' for love in too man - y fac - es. Search - in' their eyes and

Em F♯m G A
look - in' for trac - es of what I'm dream - in' of.
look - in' for trac - es of what I'm dream - in' of.
look - in' for trac - es of what I'm dream - in' of.
D F♯m
Hop - in' to find a friend and a lov - er. I'll bless the day
Hop - in' to find a friend and a lov - er. I'll bless the day
Now that I've found a friend and a lov - er, I bless the day
To Coda
G Em A
I dis - cov - er an - oth - er heart look - in' for love.
I dis - cov - er an - oth - er heart look - in' for love.
I dis - cov - ered
1 D
2 D

G
Then you came a - knock - in' at my heart's door. You're
Em
F♯m
G
A
ev - 'ry - thing I've been look - in' for.
D.S. al Coda
No more
CODA
G
you, oh
Em
A
D
you. Look - in' for love in all the wrong plac - es,

in too _____ man - y fac - es. Search - in' their eyes ___ and

look - in' for trac - es of what I'm dream - in' of. _____

Now that I've found __ a friend _____ and a lov - er, I bless the day __

_____ I dis - cov - ered you, oh you. Look - in' for love _____

Optional Ending

Repeat and Fade

LOVE REMAINS

Words and Music by TOM DOUGLAS
and JIM DADDARIO

Moderately

We are born
on,
know,

day,
bride;
do

one fine
takes a
ba - by, what I'd

chil - dren of God ____
she stands faith - ful
on this earth ____

on our
by his
with - out

way.
side.
you.

Ma - ma smiles, ____
Tears ___ and sweat,
We ___ all live

dad - dy cries, ___
they build a home ___
and we all die, ___

Lyrics:

mir - a - cle ____ be-fore their
and raise a fam - i - ly of their
but the end ____ is not good -

eyes.
own.
bye.

They pro - tect us till we're of
They share joy ____ and they share
The sun comes up ____ and sea - sons

age.
pain.
change.

And through it all ____ love re - mains. ____

Boy moves ____

King-doms come _ and go, ___ but they _ don't last. Be -

fore you know, _ the fu - ture is ___ the past. ___ In

spite of what's _ been lost ___ or what's _ been gained,

we are liv-ing proof _ that love re -

mains.

D.S. al Coda

I don't

190

MI VIDA LOCA
(My Crazy Life)

Words and Music by PAM TILLIS
and JESS LEARY

Bright Country

If you're com-in' with me, __ you need nerves of steel
heart, __ be-fore _____ this night is through

'cause I take cor - ners on _____ two wheels.
I could fall __ in love ___ with you.

Well, it's a nev-er- end - ing
Come __ danc-ing on ___ the

cir - cus ride.
edge with me. The

faint of heart __ need not ap - ply. ____
Let my pas - sion set you free. ____

Mi vi - da lo - ca ____

o - ver __ and o - ver. __ Des - ti - ny turns on __ a

dime. _____ I go where _ the wind blows; _ you can't tame _ a wild _ rose. _ Wel - come _ to my cra - zy life. ___

Sweet -

Here in ___ the fire ___ light _ I see your _ tat - too.

Mi vi - da lo - ca; ___ so you're cra - zy too.

Mi vi - da lo - ca o - ver ___ and

o - ver. _ Des - ti - ny turns on _ a dime. ____

I ___ go where _ the wind blows; _ you

can't tame _ a wild _ rose. _ Wel - come _ to

my cra - zy _____ life. ___   We'll _

go   where _ the   wind   blows _ and   I'll   be ___   a   wild _ rose. _

Wel - come _   to   my   cra - zy   life. _____

MAN! I FEEL LIKE A WOMAN!

Words and Music by SHANIA TWAIN
and R.J. LANGE

Moderate Rock Shuffle

Let's go, _____ girls.

I'm go - ing out to - night. I'm feel - in' al - right. Gon -

- na let it all hang out. _____ Wan - na make some noise, real -

-ly raise my voice. Yeah, _____ I wan - na scream and shout. _____

Eb5   Bb5

N.C.

Ah!   No _____

Bb5

_____ in - hi - bi - tions,   make _____ no con - di - tions.   Get _____
_____ need a break.   To - night we're gon - na take   the

Eb5   Bb5

_____ a   lit - tle   out - ta   line. _____   I
chance to   get   out   on the   town. _____   We

ain't gon - na act po - lit - i - c'lly cor - rect. I on -
don't need ro - mance, we on - ly wan - na dance. We're gon -

Eb5   Bb5

- ly wan - na have a good time. _____
na let our hair hang down. _____

%S   Ab 4fr

The best thing a - bout _____ be - ing a wom - an

Bb

in the pre - rog - a - tive to have a lit - tle fun and...

Oh, ___ oh, oh, ___ go to-tal-ly cra - zy, ___

for - get I'm a la - dy, ___ men's shirts, short

skirts. Oh, ___ oh, oh, ___ real-ly go wild, yeah, ___ do-in' it in

style. _ Oh, __ oh, oh, ___ get in the ac - tion, __ feel the at-trac - tion. __

Col-or my hair, do what I dare. Oh, __ oh, oh, ___ I wan-na be free, yeah, to

To Coda ⊕

feel the way I feel. _____ Man! I feel __ like a wom-an.

The girls __

Man! I feel __ like a wom-an. *Instrumental solo*

MY HEROES HAVE ALWAYS BEEN COWBOYS

Words and Music by
SHARON VAUGHN

Moderately slow

Verse 1:
I grew up a dream-ing of be-ing a cow-boy, and lov-ing the cow-boy ways.

Verse 2:
Cow-boys are spe-cial with their own brand of mi-s'ry from be-ing a-lone too long.

Pur-su-ing the life of my high rid-in' he-roes, I burned up my child-hood days.

You could die from the cold in the arms of a night-mare, know-ing well that your best days are gone.

F

I learned all the rules___ of a mod-ern day drift-er, don't you
Pick'-in' up hook-ers in-stead of my pen___ I let the

Bb   **F**   **Bb**

hold on___ to noth-in'___ too long.   Just take what___ you
words of my youth fade a-way.   Old worn___ out

F   **Bb**   **F/C**   **C7**

need___ from the la-dies then leave them with the words of a sad coun-try
sad-dles___ and old worn out mem-'ries with no one and no place to

F   **Bb**   **F**

song.
stay. }   My he-roes___ have al-ways been cow-boys,___

and they still are, it seems.

Sad-ly_____ in

search of_____ and one step in back of_____ them-selves and their slow mov-in'

1. dreams.

2. dreams.

D.S. al Coda

To Coda

CODA

dreams._____

MY NEXT BROKEN HEART

Words and Music by DON COOK,
RONNIE DUNN and KIX BROOKS

You picked _ me up, you shot _ me down, you're

Hap-py, sad, it's hard _ to tell. You

Instrumental solo

G **C**

step - ping out _____ all o - ver town. _____
taught me how _____ to hurt _____ so well. _____

G

Drove me back to drink - ing _____ in _____ this
When it comes to love _____ I _____ know _____ my

D7 **G**

bar. _____ Well, I found _____ my - self _____ a brand -
part. _____ And I'll play _____ this game _____ that I _____

D **G**

- new friend. I'm head - ed down _____ that road _____
_____ can't win. I'll be some - bod - y's fool _____

a - gain. } I'm work-ing on ___ my next bro - ken heart. ___
a - gain. }

Solo ends } I thought all ___ a - long ___ you'd be the death ___

___ of me, ___ but I've met one, to - night, ___

F
C
D
who wants what's left of me.
I've seen
G
C
that look before.
She'll tear
G
C
G
my world apart.
I'm work-ing on my
D
To Coda
G
D
D.S. al Coda
next bro-ken heart.
3

NO ONE ELSE ON EARTH

Words and Music by SAM LORBER,
STEWART HARRIS and JILL COLUCCI

Medium Blues feel

I've been a rock and I've
You can make me want you

got my fenc-es,
an-y-time you want to,

I nev-er let them down.
you're burn-in' me a - live.

D.S. *Instrumental*

When it comes to love I

I can't de - ny you

keep my sens - es, I don't get kicked a - round.

e - ven when I catch you, weav - in' a weak al - i bi.

Solo ends

(1., D.S.) I shiv - ered once 'Cause when the night falls,

you broke in - to my soul. The dam-age is done now,

you make me for - get, your love is kill - ing me,

I'm out of con - trol._____
and it ain't o - ver yet.

How did you get to me?

No - one else on earth could ev - er hurt me, break my heart the way you do.___

No - one else on earth was ev - er worth it.

No - one can love me like, no - one can love me like you.

you. *Guitar solo*

D.S. al Coda

CODA

No-one else on earth could ev-er hurt me,

break my heart the way you do. _____

No-one else on earth

was ev-er worth it.

No-one can love me like,

no-one can hurt me like,

Repeat and Fade

ON THE OTHER HAND

Words and Music by DON SCHLITZ
and PAUL OVERSTREET

Lyrics:

On

one hand, _____ I count the rea-sons _____ I could stay with you, _____
arms _____ I feel the pas-sion _____ I thought had died. _____

and hold you close to me all night
When I looked in-to your eyes _____ I

long
found my - self. _

So man - y _____ lov - ers'
When I first _____ kissed your

games _____ I'd love to play with you,
lips _____ I felt _ so a - live.

on that
I've got to

hand there's no rea - son why it's wrong.
hand it to you girl you're some - thing else.

But on the oth - er hand, there's a

gold - en band to re - mind me of some-

one who would not un - der - stand. On

one hand I could stay and be your lov - ing man,

but the rea - son I must go is on the

oth - er hand.

In your

Yeah, the rea - son I must

go is on the oth - er hand.

ONE MORE LAST CHANCE

Words and Music by GARY NICHOLSON
and VINCE GILL

Moderately fast

Guitar solo

First, She was stand-ing at the front door, when
she hid my glass-es be-cause she

I came ___ home ___ last night.
knows that I ___ can't see.

The
She

good   book   in   her   left _____ hand _____   and   a
said, "You   ain't   go - in'   no - where,   boy,   till   you

A

roll - ing   pin   in   her   right. _____   She
spend   a   lit - tle   time   her   with   me." _____   Then,   the

D

said, "You've   come   home   for   the   last   time _____   with   the
boys   called   from   the   hon - ky - tonk, _____   said   there's   a

G   **D**

whis - key   on _____ your   breath. _____   If
par - ty   go - in'   on   down   here.   Well,   she

you won't lis - ten to my preach - in', boy, _____ I'm gon - na
might have took ___ my car keys but she for -

A

have to beat you half to death." _
got a - bout my old John Deere.

Solo ends } Give me just

one more last chance ___ be - fore you say ___ we're through. _

G

D

___ I know I drive _ you cra - zy, ba - by. It's the

best that I ___ can ___ do. ___ We're just some good old boys ___

mak-in' noise. ___ I ain't run-ning a-round ___ on you. Give me just

one more last chance ___ be-fore you say ___ we're through. ___

Give me just one more last chance ____ be -

fore you say ____ we're through. ____

Repeat ad lib. and Fade

REDNECK WOMAN

Words and Music by GRETCHEN WILSON
and JOHN RICH

Moderately fast

Well, I ain't never been the Bar-bie Doll type. No,

Se - cret, well, their stuff's real nice, woah, but

Recorded a half step lower.

I can't swig ___ that sweet cham - pagne; I'd rath - er drink beer all
I can buy ___ the same damn thing on a Wal - Mart shelf half -

C7

night in a tav - ern or in a honk - y - tonk or on a
price and still look sex - y, just as sex - y as those

B♭ **G7**

four wheel drive tail - gate. No, I got pos - ters on ___
mod - els on T. V.

___ my wall ___ of Skyn - yrd, Kid and Strait. Some
sign - er's tag ___ to make my man want me.

peo - ple look __ down on ___ me, but I don't give a rip. __
You might think __ I'm trash - y, a lit - tle too hard - core, __

__ I stand bare - foot - ed in my own front yard with a
__ but in my neck of the woods, __ I'm

ba - by on __ my hip, __ 'cause } I'm a red - neck wom -
just the girl __ next door. __ Hey, }

- an, I ain't no high class broad. __ I'm just a

prod - uct of my rais - in', I _____ say, "Hey, y'all" and "Hee -

C7

haw." And I keep my Christ - mas lights _____ on on my

G7

front porch all year long. and I know all the words _

_____ to ev - 'ry { Char - lie Dan - iels song. _____ }
{ Tan - ya Tuck - er song. _____ }
{ ol' _____ Bo - se - phus song. _____ }

So,

here's to all ____ my sis - ters out there keep - in' it ____ coun - try. ____

Let me get a big ____ "Hell, yeah" ___ from the

red - neck girls like me. Hell, yeah. ____ (Hell,

yeah!) Vic - tor - i - a's

yeah. ___ (Hell, yeah!) *Instrumental solo*

I'm a red-neck wom-an, I ain't no

high class broad.___ I'm just a prod-uct of my rais - in', I___ say,

D.S. al Coda

N.C. "Hey, y'all" and "Hee - haw." And I

CODA C7 red - neck girls _____ like me.___

G7 _____ (Hell, yeah!) Hell, yeah._____ (Hell, yeah!) Hell,___ yeah.___

N.C. G7 _____ (Hell, yeah!) I said,___ hell yeah!

SHE DON'T KNOW SHE'S BEAUTIFUL

Words and Music by BOB McDILL
and PAUL HARRISON

Moderately

We go out ___ to a par - ty some - where. The
There she goes ___ just walk - in' down the street and
Morn - ing comes, _ her hair's ___ all ___ a mess, that's

mo - ment we walk ___ in the door,
some - one lets a whis - tle out.
when she thinks she looks her worst. _____

A
It's

peo - ple stop ___ and ev - 'ry - bod - y stares. She
girl like her, ___ she just ___ can't ___ see
times like this, ___ she don't ___ know ___ why

To Coda

don't know what they're star - ing for. _____
what the fuss is all a - bout, _____ and
I can't take my eyes off her, _____ 'cause

She don't know ___ she's beau - ti - ful.)
she don't know ___ she's beau - ti - ful.) (Nev - er crossed her

mind.) _ (No, ___ she's not the kind.) _
She don't know _ she's beau - ti - ful. She don't know _ she's beau -

ti - ful, though time _____ and time I told her so. _____

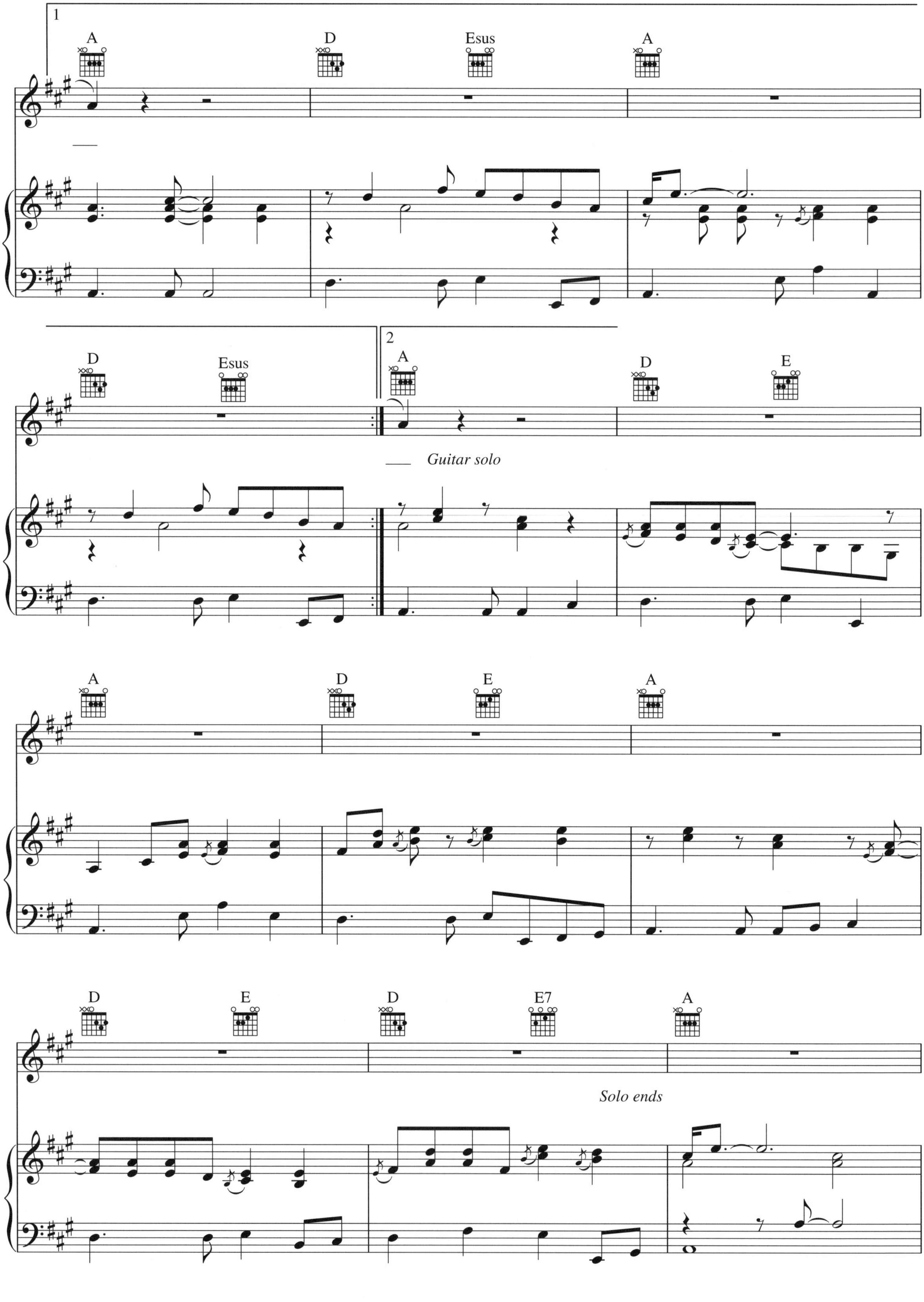
1
A
D
Esus
A
D
Esus
2
A
D
E
Guitar solo
A
D
E
A
D
E
D
E7
A
Solo ends

D Esus A D Esus
D.S. al Coda
CODA
A E D
she don't know __ she's beau - ti - ful. (Nev - er crossed her
A E D
mind.) __ (No, __ she's not the
She don't know __ she's beau - ti - ful.
A E D E D E
Repeat and Fade
kind.) __
She don't know _ she's beau - ti - ful, though time __ and time I told her. __

SHE'S EVERY WOMAN

Words and Music by VICTORIA SHAW
and GARTH BROOKS

Moderately

She's sun and rain, ___ she's fire and ice, ___ a lit-tle
___ and in L. A. ___ and ev-'ry

cra- zy, but ___ it's nice. ___ And when she gets mad, ___ you best
town a- long ___ the way. ___ And she's ev-'ry place ___

leave her a- lone. 'Cause she'll rage ___
that I've nev- er been. She's mak- in'

E
E/G♯
A
B
G♯7/B♯
just like a riv - er, then she'll beg you to for - give
love on rain - y nights. She's a stroll through Christ - mas lights.
C♯m
G♯m/B
A
B7sus
4fr
her. Oh, she's ev - 'ry wom - an that I've ev - er known.
And she's ev - 'ry - thing I want to do a - gain.
E
1
2
B/D♯
C♯m
She's so New York
And
Though
it needs
A
B
C♯m
no ex - pla - na - tion,
'cause it all

A
E
makes per-fect sense.
So when it comes
B/D♯
4fr
A/C♯
E/B
F♯m
E/G♯
down to temp - ta - tion,
she's on both sides
To Coda
A
B7sus
4fr
B7
E
E/G♯
of the fence.
A
B
G♯7/B♯
C♯m
4fr
G♯m/B
4fr
A

She's an-y-thing __ but typ-i-cal.

She's so un-pre-dict-a-ble. __ Oh, but e-ven at __ her worst,

she ain't __ that bad. __ She's as real __

as real can be _____ and she's ev-'ry fan - ta - sy. ____

____ Lord, __ she's ev - 'ry lov - er that I've ev - er had. _____

And she's ev - 'ry lov - er that I've nev - er had. _____

rit.

SLEEPING SINGLE IN A DOUBLE BED

Words and Music by DENNIS MORGAN
and KYE FLEMING

Moderately

Sleep-in' sin-gle in a dou-ble bed, _____ think-in' o-ver things I wish I'd _____ said. _____

I should-'ve held you, but I let you go; _____ now I'm the one sleep-in' all a - lone.

_____ Sleep-in' sin-gle in a dou-ble bed. _____ Toss-in', turn-in', try-in' to for - get. _____

I could be ly-in' with a you in-stead__ of sleep-in' sin-gle in a dou-ble bed.

I'd pour me a drink,__ but I'd on-ly be sor-ry. 'Cause drink-in'

dou-bles a-lone __ don't make it a par-ty.__ An-oth-er

sleep-less night,__ and it's the same old__ sto-ry, when you're the

on-ly__ one__ at two in the morn - ing.__ I'm__

CODA
G
C
F/G
Em
sin-gle in a dou-ble bed.
Instrumental
D. S. al Codetta
F
G
G/F
Em7
G/D
Codetta
C
F/G
Em
F
G
G/F
Em7
G/D
C
F/G
Em
F
G
G/F
Em7
G/D
Repeat and Fade

SHE'S NOT THE CHEATIN' KIND

Words and Music by
RONNIE DUNN

Moderately

She's dressed to kill in a dress that he bought her.

She would-n't care if he walked in and caught her.

She's come to dance a dance or two ___ and do
no tell - in' what by the time the night is through. _____

She found out the hard way a - bout ___ him. _____
She walks by and ev - 'ry head turns. _____

She's out to find out how she'll do with - out _____ him.
You can see how high her fire _____ burns. _____

Her hands are shak-in', her heart's pound-in'. By the
He did-n't know ___ what a good thing he had. _____ Well, ___

way she's drink-in', his mem-'ry's drown-in'. She's
it's too late. __ Well, that's too bad _____ 'cause

___ not the cheat-in' kind. _____

She's been cheat-ed one ___ too ___ man-y times. _____

Oh, _____ she's _____ nev - er fooled a - round. _____

_____ He's still ly - ing, she's _____

_____ through cry - in'. She's not fool - in' _____ now. _____

Oh, __ she's _____ not the cheat - in' kind. __

_____ She's been cheat - ed one __

too __ man - y times. _____ Oh, _____

she's _____ nev - er fooled a - round. _____

But he's still ly - ing, she's __ through cry - in'.

She's not fool - in' _____ now. _____ Oh, _____ she's __

Repeat ad lib. and Fade

SWINGIN'

Words and Music by JOHN DAVID ANDERSON
and LIONEL DELMORE

With a strong beat

E7

1. There's _____ a lit-tle girl in our neigh-bor-hood. Her
2.3. *(See additional lyrics)*

name is Char-lotte John-son, and she's real-ly look-ing good. I had to go and see her, so I

called her on the phone. I walked o-ver to her house,__ and this was go-in' on: 2. Her

2,3

CHORUS **A7**

love down to my toes. And we was swing-in',_____ (swing-in';) yes, we was

E7

swing-in'._____ (swing-in'.)_____ Lit-tle Char-lotte, she's as pret-ty as the

B7

Bb7 **A7**

an-gels when they sing._____ I can't be-lieve I'm out here on her front porch in the swing, just a

E7

To Coda ⊕   D.S. (3rd ending) al Coda   **CODA** ⊕

swing-in'._____ (Swing-in'.)_____ 3. Now   Lit-tle

B7

Char - lotte, she's as pret - ty as the an - gels when they sing._____ I

Bb

A7

can't be - lieve I'm out here on her front porch in the swing, just a swing - in'_____

E7

Repeat and Fade

(swing - in',_____ swing-in'.)_____

Verse 2.
Her brother was on the sofa
Eatin' chocolate pie.
Her mama was in the kitchen
Cuttin' chicken up to fry.
Her daddy was in the backyard
Rollin' up a garden hose.
I was on the porch with Charlotte
Feelin' love down to my toes,
And we was swingin'. *(To Chorus:)*

Verse 3.
Now Charlotte, she's a darlin';
She's the apple of my eye.
When I'm on the swing with her
It makes me almost high.
And Charlotte is my lover.
And she has been since the spring.
I just can't believe it started
On her front porch in the swing. *(To Chorus:)*

THERE'S A TEAR IN MY BEER

Words and Music by
HANK WILLIAMS

Moderately

There's a tear in my beer 'cause I'm
night I walked my the beer floor

cry-in' for you, dear.
and the night be-fore.

You are on my lone-ly
You are on my lone-ly

mind. _____
mind. _____

In-to these last nine beers I have
It seems my life is through and ____

shed   a   mil - lion   tears;   you   are
I'm   so   dog - gone   blue;   you   are

on   my   lone - ly   mind. _____   I'm
on   my   lone - ly   mind. _____   I'm

D   **D7**

gon - na   keep   on   sit - tin'   here   un - til   I'm   pet - ri -
gon - na   keep   on   sit - tin'   here   till   I   can't   move   a

G   **D**

fied   and   then   may - be   these
toe   and   then   may - be   my

E7

A7
D
tears will leave my eyes
heart won't hurt me so
there's a tear in my
beer 'cause I'm cry - in' for you, dear.
E7
A7
1
D
Fdim
You are on my lone - ly mind.
A7
Last mind.
2
D
Em
Em/A
D

TO ALL THE GIRLS I'VE LOVED BEFORE

Lyric by HAL DAVID
Music by ALBERT HAMMOND

Moderately slow, expressively

To all the girls I've loved be - fore,
once ca - ressed,
shared my life,

who trav - eled in and
and may I say I've
who now are some - one

out my door;
held the best;
els - e's wife;

I'm glad they came a - long.
for help - ing me to grow,
I'm glad they came a - long.

I ded - i - cate this
I owe a lot, I
I ded - i - cate this

Am7/D D7 | 1 G C/D G

song ____ to all the girls I've loved ____ be-fore. ____ To all the girls I
know, ____ to all the girls I've
song ____ to all the girls I've

2 G C/D G C/G G

loved ____ be-fore. ____ The winds of change are al-ways blow - ing ____

3

and ev-'ry time I tried to stay, Am7 the winds of change con-tin-ued Am7/D blow - ing, __ and they just car-ried me a - way. To all the girls who

loved be - fore. To all the girls who cared for me;

who filled my nights with ec - sta - sy, __ they live with - in my

heart. I'll al - ways be a part of all the girls I've loved be - fore.

The winds of change are al - ways blow - ing ___ and ev - 'ry time I tried to

stay, the winds of change con - tin - ued blow - ing,

and they just car - ried me a - way.

To all the girls we've loved be - fore, who trav - eled in and

Bbm7

out   our   door; ___   we're glad they came a - long.   We ded - i - cate this

Bbm7/Eb   Eb7

Bbm7/Eb   Eb7   **1   Db/Ab   Ab   Db/Eb   Ab**

song   to all the girls we've loved   be - fore.   To   all   the   girls we've

2   Fb   Gb   Ab

loved   be - fore.

8va-

TO BE LOVED BY YOU

Words and Music by MIKE REID
and GARY BURR

Moderately

A love that's worth fight - ing ___ for; ___
There will be lone - ly ___ nights ___

that's what this is. ___ And how, how could I ___
when you whis - per my name. ___ I know on those lone -

want ___ more ___ than the warmth of your kiss? And
- ly ___ nights ___ I'll be do - ing the same. And

C   G/B   C

no mat - ter how man - y miles __ and dreams __ come __ be - tween __ us now, __
should ev - 'ry star __ in the sky __ go out, __ just keep your faith __ a - live. __

G/D   C   G/B

__ ev - 'ry step __ I take, __ with each prayer __ I make __ this
We were meant __ to be; __ this is des - ti - ny __ that

Am7   Am7/D   % C

love will live __ some - how. __ }
can - not be __ de - nied. __ }   Let the moun - tains rise, __ I will climb

G/B   Em   D   C   G   Am7 G/B

__ them all. When my bod - y's weak, I will not fall. __ Ba - by, come __ what may ___ and I'll find a way ___ to get through. ___

There's noth - ing that I ___ won't do ___ to be loved by

To Coda

you.

you.

And e - ven when ___ we're worlds ___ a - part, ___

just keep this prom - ise in ___ your heart. ___

D.S. al Coda

Let the moun -

CODA

there's noth-ing that I ___ won't do, ___ there's

noth-ing that I ___ won't do ___ to be loved by

you,
(Vocal 1st time only)

to be loved ___ by you. ___

Repeat and Fade

T-R-O-U-B-L-E

Words and Music by
JERRY CHESNUT

fun. _____ Well, I don't miss much that ev - er

hap - pens on a dance hall floor. _____

Mer - cy, look what just walked through that door.

Well, _ hel - lo T - R - O - U - B - L -

E. _____

What in the world _ you do-in'

A - L - O - N - E? _____

Say, _

hey, good L - dou-ble - O - K - I - N - G _____

I smell T - R - O - U - B - L -

E. ____

8va-----------------------------

G7

Gm

2. I was a lit-tle bit-ty ba-by when my

3.,4. *(See additional lyrics)*

pa - pa hit the skids. Ma - ma had a time tryin' to raise nine kids.

G7

Told me not to stare 'cause it was im - po - lite. ___ and did the best she could to try to

Chorus

raise me right. _____ But ma - ma nev - er told me 'bout - a noth - in' like - a Y - O - U. _

_____ Say, your moth - er must - a been an - oth - er

some - thin' or an - oth - er, too. _____ Say, _

hey, good L - dou - ble - O - K - I - N - G, _____

Additional Lyrics

3. Well, you talk about a woman, I've seen a lotta others,
   With too much somethin' and not enough of another.
   Lookin' like glory and walkin' like a dream.
   CHORUS: Mother Nature's sure been good to Y-O-U.
          Well, your mother musta been another good lookin' mother, too.
          Say, hey, good L-double O-K-I-N-G, I smell T-R-O-U-B-L-E.

4. Well, you talk about a troublemakin' hunka pokey bait
   The men are gonna love, and all the women gonna hate,
   Remindin' them of everything they're never gonna be.
   Maybe the beginnin' of a World War Three.
   CHORUS: 'Cause the world ain't ready for nothing like a Y-O-U.
          I bet your mother musta been another somethin' or the other, too.
          Say, hey, good L-double O-K-I-N-G, I smell T-R-O-U-B-L-E.

WAVE ON WAVE

Words and Music by PAT GREEN,
DAVID NEUHAUSER and JUSTIN POLLARD

Mile up - on mile got no di - rec - tion, - ter

we're all play - in' the ____ same game. ____
and I thought that I ____ might drown. ____

We're all look-in' for _____ re-demp - tion,
I don't know what I _____ was af - ter,

just a-fraid _____ to say _____ the name. _____
just knew _____ I was go-in' down. _____

So caught up now in pre-tend - ing _____
That's when she found _____ me. _____

what we're seek-in' is _____ the truth. _____
Not a - fraid _____ an - y - more. _____

G6   G   Asus   A

I'm not look-in' for a hap-py end - ing.
She said, "You know I al - ways had you, ba - by,

Asus2   A   D   Dsus2

All   I'm look-in' for ___ is you. ___
just wait-in' for you to find ___ what you ___ were look-in' for." ___

Dsus   D   𝄋   Dsus2   Dsus   D

It came up-on ___ me wave on wave. ___   You're the rea - son I'm ___ still

G   Gmaj7   G6   Gmaj7   Asus   A

here. ___   Am I the one ___ you were sent to save? ___

It came up-on___ me wave on wave.___

I wan-dered out in-to the wa-

Wave ___ on ___ wave, ___

wave ___ on ___

wave. ___

Asus2
A
D
Dsus2
Dsus
D
And it came up - on __ me wave on wave. _
Yeah, it came up - on __ me
Dsus2
Dsus
D
G
Gmaj7
wave on wave. __
You're the rea - son I'm __ still here. _
G6
Gmaj7
Asus
A
Asus2
A
Am I the one __ you were sent to save? ______
And it came up - on __ me
Repeat and Fade
D
Dsus2
Dsus
D
wave on wave. __
Yeah, it came up - on __ me
Optional Ending
D
wave on wave. __

WHEN THE SUN GOES DOWN

Words and Music by
BRETT JAMES

Moderately

mf

Sun - tan toes tick - lin' the sand, __
All day long just tak - in' it eas - y,

cold drink chill - in' in my ___ right ___ hand, __ watch - in' you sleep in the
lay - in' in a ham - mock where it's ___ nice and breez - y and sleep - in' off ___ the

eve - nin' light, _ rest - in' up for a long, long _ night. }
night be - fore, _ 'cause when the sun goes down, we'll be back for ___ more. } 'Cause when the

sun goes down, we'll be groov-in'. When the sun goes down, __ we'll be

feel-in' al - right. When the sun ___ sinks down, __ o - ver the wa - ter,

ev - 'ry-thing gets hot - ter when the sun goes __ down, yeah. ___

sun goes __ down. __

This __ old gui - tar and my dark sun glass - es, this sweet con - coc - tion is smooth as mo - las - ses. Noth - in' to do but breathe all __ day __ un - til the big moon ris - es and it's time to play. __ When the sun __ goes down,

D A D E A
N.C.
When the sun
A A/C♯ D E A
goes down, we'll be groov-in'. When the sun goes down, we'll be
E A A/C♯ D
feel-in' al-right. When the sun sinks down o-ver the wa-ter,
Repeat and Fade
Optional Ending
A D E A D E A
ev-'ry-thing gets hot-ter when the sun goes down. When the sun sun goes down.

WHERE WERE YOU
(When the World Stopped Turning)

Words and Music by
ALAN JACKSON

Moderately fast

Where were you when the world ___ stopped turn-in' that Sep - tem - ber

day?

Out in the yard ___ with your wife and chil - dren or
Teach-in' a class ___ full of in - no - cent chil - dren or

G
C
F
3
work - in' on some stage _ in L. A.? Did you stand there in shock at the
driv - in' on some cold _ in - ter - state? Did you feel guilt - y 'cause
C
F
C
sight of that black smoke ris - in' a - gainst that blue sky? Did you
you're a sur - viv - or, in a crowd - ed room did you feel a - lone? Did you
F
C
Am
shout out in an - ger in fear for your neigh - bor, or did you just sit down and
call up your moth - er and tell her you love her? Did you dust off that Bi - ble at
F
G
C
cry? Did you weep for the chil - dren, they
home? Did you o - pen your eyes and hope

G

C

lost their dear loved ones, pray for the ones ___ who don't know? Did you re-
it nev - er hap - pened, close your eyes and not go to sleep? Did you

G

joice for the peo - ple who walked from the rub - ble and sob for the ones ___ left be-
no - tice the sun - set for the first time in ag - es and speak to some stran - ger on the

C

F

C

low? Did you burst out in pride for the Red, White and Blue ___ and
street? Did you lay down at night and ___ think of to - mor - row,

F

C

F

he - roes who died just do - in' what they do? Did you look up to heav - en for
go out and buy you a gun? Did you turn off that vio - lent old

some kind of an - swer and look at your - self and what real - ly mat - ters?
mov - ie you're watch - in' and

I'm just a sing - er of sim - ple songs. I'm not a

real po - lit - i - cal man. I watch C N N, but I'm not

sure I can tell you the dif - f'rence in I - raq and I - ran. But

I know Je - sus and I _____ talk to God _ and I re - mem - ber this from when I was

young: faith, hope and love are some good things He gave us

and the great - est is love.

D.S. al Coda

CODA

turn on "I Love Lu - cy" re - runs? Did you go to a church _ and hold

C ... hands with some stran - ger, **F** stand in line to give your own ___ blood? **C** Did you

F just stay home ___ and cling ___ tight ___ to your fam - 'ly, **C** thank God you have **Am** some - bod - y to love? ___

F ___ **F** I'm just a sing - er of ___

C sim - ple songs. ___ I'm not a **F** real po - lit - i - cal ___ man. **C** I watch

C N N, ___ but I'm not ___ sure I can tell you the dif - f'rence in I - raq and I -

ran. But I know Je - sus and I ___ talk to God ___ and I re -

mem - ber this from when I was young: faith, hope and love are some

good things He gave us and the great - est is love.

love,

and the great - est is love,

and the great - est is love.

Where were you when the world ___ stopped turn - in'

rit.

that Sep - tem - ber day? _____

WILD ANGELS

Words and Music by GARY HARRISON,
MATRACA BERG and HARRY STINSON

Between the per-fect world __ and the bot-tom line, __ keep-ing
must-'ve been hard, it must-'ve been tough

love a-live __ in these trou-bled times, __ well, it's a
keep-ing up __ with cra-zy fools like us __ 'cause it's so

mir-a-cle in it-self. __ And we
eas-y to fall a-part. __ And

E
B
A
know too well what that's a - bout. Still, we made it through; on - ly
we still break each oth - er's heart some - times, spend some nights on the
E
B
God knows how. We must - 've had a lit - tle help.
jag - ged side. Some - how we wake up in each oth - er's arms.
F♯m
E/G♯
A
E
Must - 've been wild an -
B
F♯m9
2 fr
A
- gels, wild an - gels

watch-ing o - ver you ___ and me. ___

Wild ___ an - gels, ___

wild ___ an - gels, ___ ba - by, what _

___ else could _ it be? ___

To Coda

Well, it ___

There are ___ some nights ___ I watch you while ___ you dream. ___

___ I swear I hear the sound

of beat - ing wings. ___

Oh, it must 've been

D.S. al Coda

CODA

Repeat and Fade

(Wild, wild _____ an - gels.)

WORKIN' MAN BLUES

Words and Music by
MERLE HAGGARD

Blues Tempo

C7

C7

It's a big job just
(See additional lyrics)

get - tin' by___ with nine kids___ and a wife,___

But I've been a work - in' man___

298

dang near all my life.____ And I'll keep on work - in'

long as my____ two hands are fit____ to

use.____ I'll

drink my beer in a tav - ern, Sing a lit - tle bit of these

2. I keep my nose on the grindstone, work hard everyday.
I might get a little tired on the weekend, after I draw my pay.
I'll go back workin', come Monday morning I'm right back with the crew.
And I drink a little beer that evening,
    Sing a little bit of these workin' man blues.

3. Sometimes I think about leaving, do a little bumming around.
I want to throw my bills out the window, catch a train to another town.
I'll go back workin', gotta buy my kids a brand new pair of shoes.
I drink a little beer in a tavern,
    Cry a little bit of these workin' man blues.

4. Well, Hey! Hey! The workin' man, the workin' man like me
I ain't never been on welfare, that's one place I won't be.
I'll be workin', long as my two hands are fit to use.
I'll drink my beer in a tavern,
    Sing a little bit of these workin' man blues.

You Can't Make A Heart Love Somebody

Words and Music by STEVE CLARK
and JOHNNY MacRAE

G

pock-et, ___ think-in' now's the per-fect time.
know of ___ to make the feel-ing grow.

G7

When he popped the ques - tion, he could see the tear - drops fill her
I've begged and I've plead - ed with my heart, but there's ___ no get-tin'

C   **D**

eyes. She said, "I knew this was com - in' and I'm
through. My heart's the on - ly part ___ of

G

sor - ry, ___ but I hope you re - al - ize."
me _____ that's not in love ___ with ___ you."

You can't make a heart love some - bod - y.   You can

tell it what to do,   but it won't lis - ten at all. _____

You can't make a heart love some - bod - y.   You can

lead a heart _ to love, _____   but you can't make it fall. ____

Then she

can't make it fall. ___

can't make it fall. ___   You can

lead   a   heart ___   to   love, _____   but   you

can't   make   it   fall. _____

rit.

YOU DON'T COUNT THE COST

Words and Music by BUCKY JONES,
CHRIS WATERS and TOM SHAPIRO

Easy Country Ballad

It hap- pens to ___ a moth- er when
hap- pens to ___ a sol- dier
hap- pens all ___ a- round ___ us

she's ___ giv- ing birth. Her heart is filled with joy ___ while her
fight- ing for ___ his home. Fear wells up ___ in- side ___ him ___ and
each and ev- 'ry day. Some one's giv - ing all ___ they've ___ got for

bod- y's filled ___ with hurt. She holds the ba - by close ___ to her ___ de-
yet, he still ___ goes on e - ven though ___ he knows he may
some- one else - 's sake. If you ev - er doubt ___ it, just

spite the pain _ he caused.
be the next _ to fall. _
think a - bout _ the cross. _

When it comes _ to love, _

you don't count _____ the cost.

It

cost.

You don't count _ the heart - ache. You don't

count the sac - ri - fice. _

And all that counts _ is what _ you feel in -

To Coda

-side. _____ It does-n't real - ly mat-ter what is _____ gained or what is lost. _____ When it comes _____ to love, _____ no, _____ you don't count _____ the cost.

D.S. al Coda
(take 2nd ending)

It

CODA

does-n't real - ly ___ mat - ter what ___ is gained _____ or what is lost ___

___ 'cause when it comes ___ to love, ___

you don't count ___ the cost.

No. _____

rit.

YOU'RE EASY ON THE EYES

Words and Music by TERRI CLARK,
CHRIS WATERS and TOM SHAPIRO

Moderately

Should-'ve

known it was you ___ knock-in' on my door ___ at half past heart - ache, a

got to ad - mit ___ you ___ got a smile that real - ly reeled me ___

quar - ter to four. ___ Were you start - in' to wor - ry I was fin - 'lly get - tin' o - ver you?

in for a while, ___ but it ain't ___ fun - ny hon - ey what you put me ___ through.

I al - most for - got you looked

So, why don't you send me your ___

so fine. If you told me some lies it -'d be like old times. Just

pho - to-graph? It -'d hurt a lot less than tak - in' you back and

F7

get - tin' to see you is al - most worth the things you do.

I could still have my fa - vor - ite part of you.

C

You're
'Cause you're } eas - y on the eyes, hard on the heart.

G **F**

You look so good, but the way things look ain't the way they are.

Bet - ter say good - bye _____ be - fore this goes too

far. _____ 'Cause now I re - al - ize you're eas - y on the

To Coda ⊕

eyes, hard __ on the heart. _____

I __ *Guitar solo*

F7   G7

D.S. al Coda

Solo ends You're eas - y on the

CODA C

____ Yeah, now I re - al -

F/A   G/B   C7   F/C

ize you're eas - y on the eyes, hard ___ on the heart. ___

C7   F/C   C7   F/C   C

YOU'RE STILL THE ONE

Words and Music by SHANIA TWAIN
and R.J. LANGE

(Spoken:) When I first saw you. I saw love.

(Drums only)

And the first time you touched me, I felt love. And after all this time,

you're still the one I love.

Looks like we made _ it. Look how far _ we've come, _ my ba - by. _____
Ain't noth - in' bet - ter, we beat _ the odds _ to - geth - er. _____

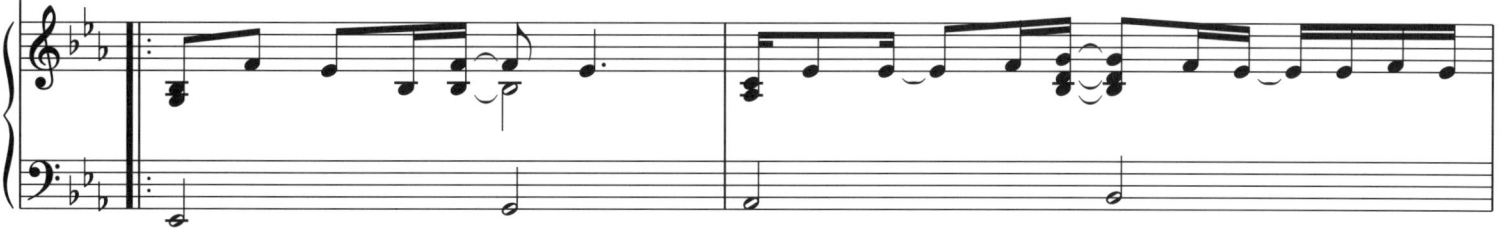

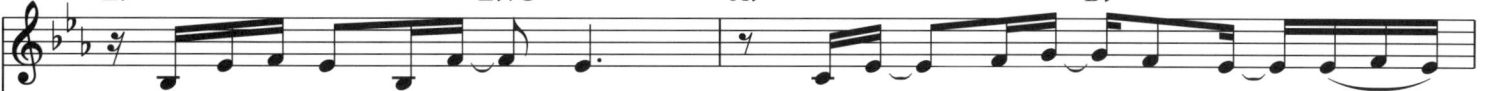

We might-a took the long _ way. We knew _ we'd get _ there some - day. _____
I'm glad we did - n't lis - ten. Look at what we would _ be miss - ing. _____ }

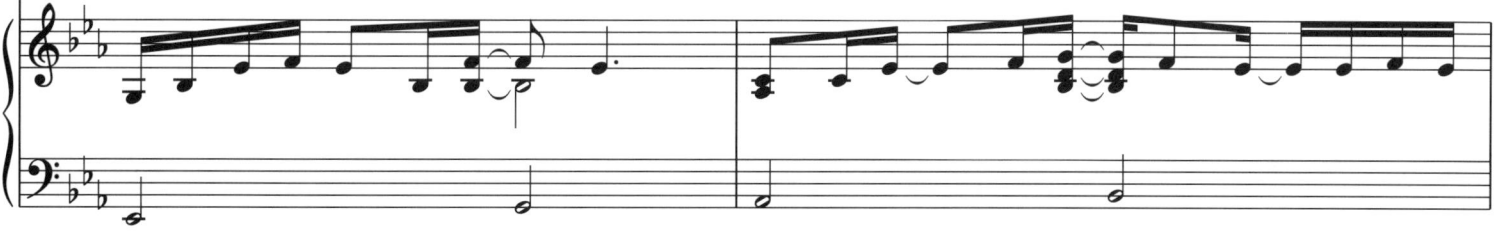

They said, "I bet ___ they'll nev - er make _ it." But just

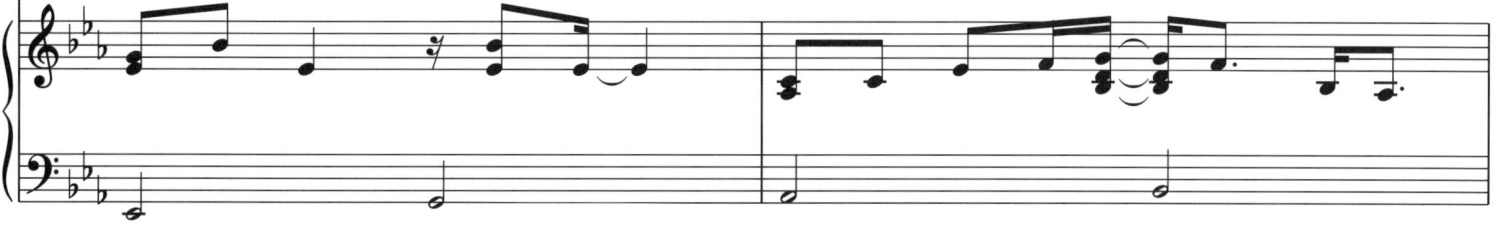

look at ___ us hold - ing ___ on. _____ We're still to - geth -

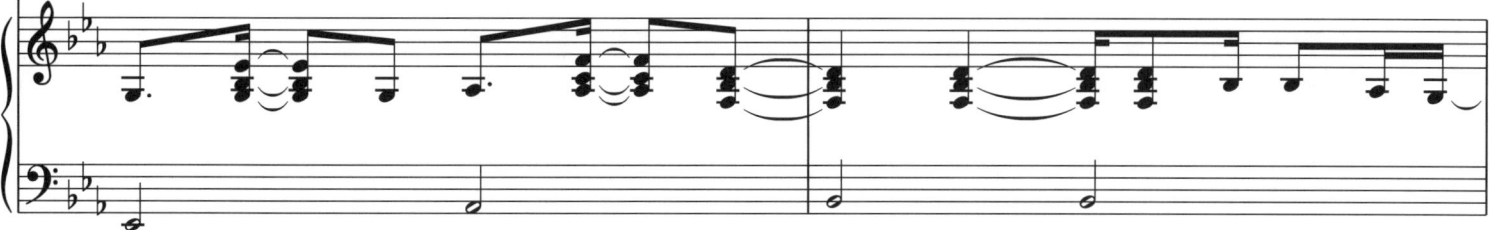

- er, still go - ing ___ strong. ___ (You're still the one.)

___ You're still the one I run ___ to, ___ the one that I be - long ___ to ___

You're still the one I want ___ for life. (You're still the one.)

___ You're still the one that I ___ love, ___ the on - ly one I dream ___ of. ___

You're still the one I kiss ___ good - night.

night. ___ You're still _ the one.

(You're still the one.) _

night.

I'm so glad we made ___ it. Look how far ___ we've come, my ba - by. ___

YOU LOOK SO GOOD IN LOVE

Words and Music by KERRY CHATER,
RORY BOURKE and GLEN BALLARD

An Easy 3

Oh how you spar - kle, and oh how you shine,
He must have stol - en some stars how from the

sky
and gave on them
that flush on your cheeks
to you
is
to

C
G
more than the wine. And he must do
wear in your eyes. I had my
Am
some - thing that I did-n't do, What
chan - ces but I set you free,
D
C
ev - er he's do - ing it looks good on
and now I won - der why I could - n't
D
G
Bm7
you. You look so good in
see.
3
3

love.

You want him that's

ea - sy to see. ___

You look

so ___ good ___ in love. ___

I wish you still want - ed

Lyrics:

me.

(spoken:) Darling I've wasted alot of

so _____ good _____ in

years   not seeing the real you.

love.   You want him   but that's

tonight your beauty is shining through.
ea - sy to see.___ You look

And I never took the time to let you know.
so ___ good ___ in love.___

So before he takes you away, please let me
I wish you still want - ed

say
me.
(Sung:) You look   You look

D.S. and Fade